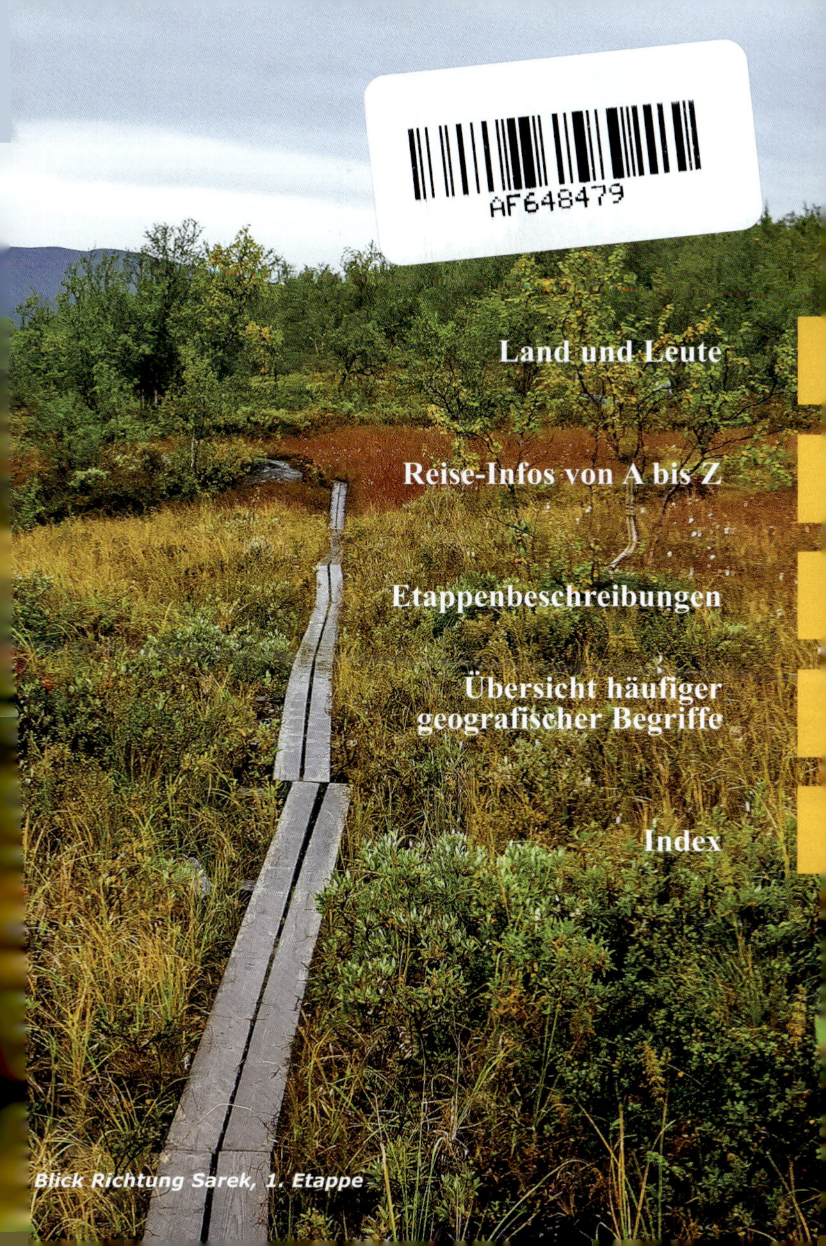

Blick Richtung Sarek, 1. Etappe

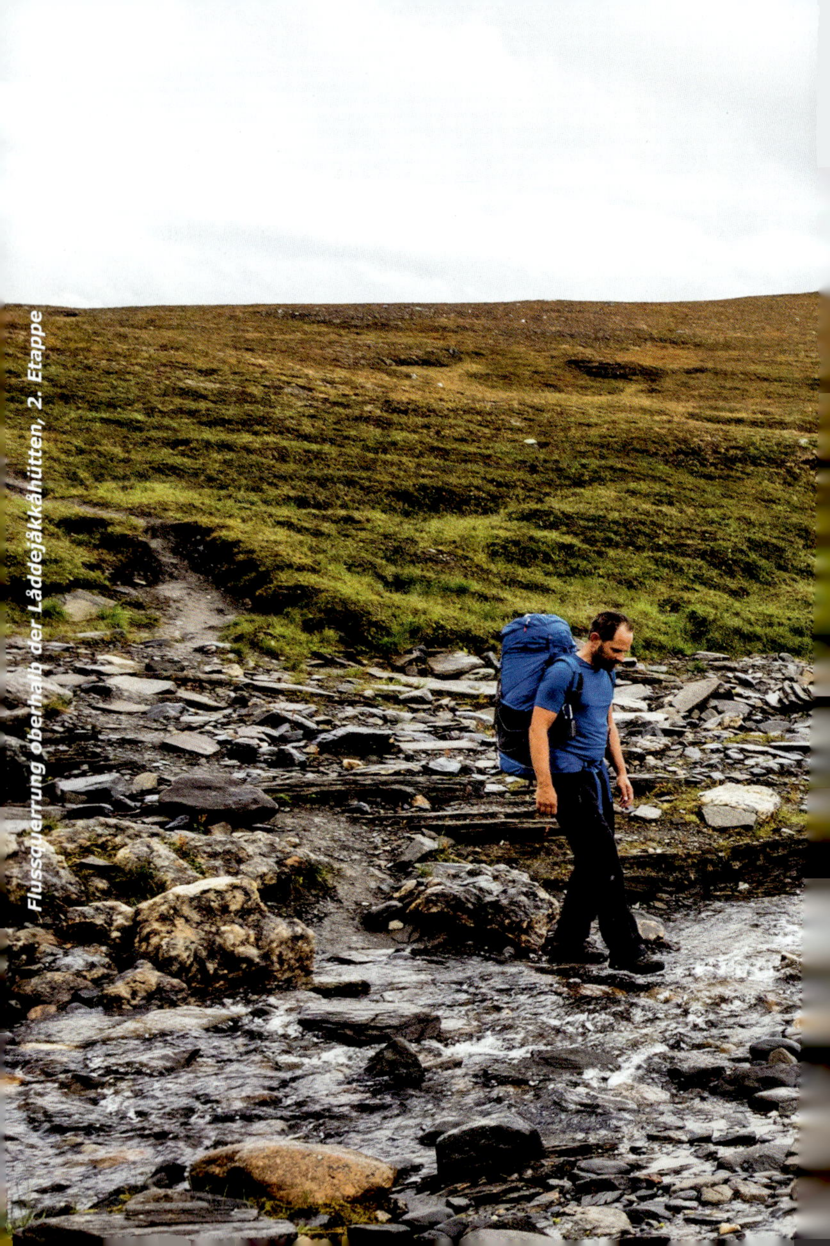

Flussquerrung oberhalb der Låddejåkkåhütten, 2. Etappe

Band 261

OutdoorHandbuch

Michael Hennemann

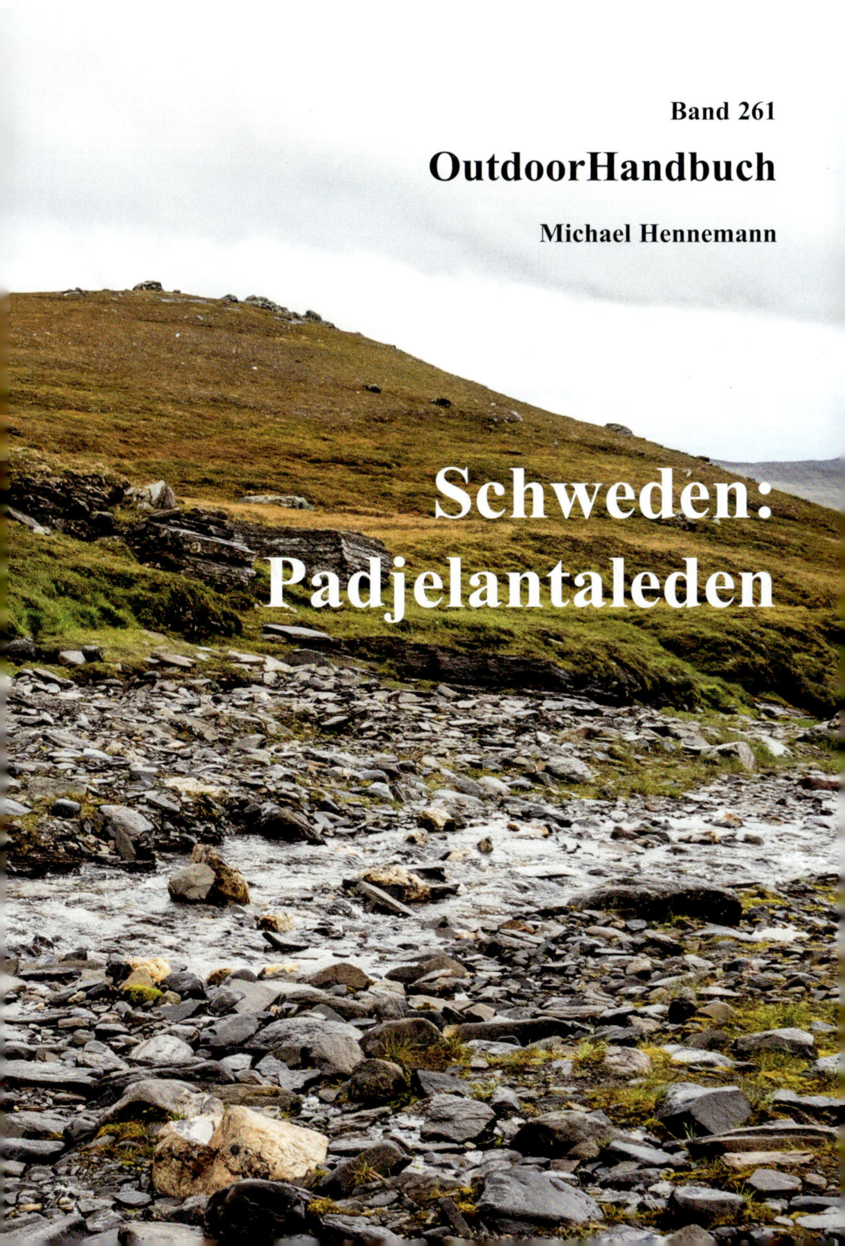

Schweden: Padjelantaleden

Schweden: Padjelantaleden

Dieses OutdoorHandbuch wurde konzipiert und redaktionell erstellt vom:

OUTDOOR CONRAD STEIN VERLAG

Conrad Stein Verlag GmbH
Kiefernstr. 6, 59514 Welver
☏ 023 84/96 39 12
info@conrad-stein-verlag.de
www.conrad-stein-verlag.de
www.facebook.com/outdoorverlag
www.instagram.com/outdoorverlag

Klimaneutral Druckprodukt
ClimatePartner.com/53106-2306-1003

Als Outdoor-Verlag sind uns der Schutz und die Erhaltung der Natur seit jeher ein besonderes Anliegen. Auch in Sachen Klimaschutz haben wir eine Vorreiterrolle inne: Wir sind der einzige Buchverlag in Deutschland, der bereits seit 2008 seine Bücher konsequent klimaneutral in Deutschland produzieren und transportieren lässt. Dabei wird nicht nur klimaneutral, sondern auch nachhaltig, d. h. so umweltschonend wie möglich produziert, z. B. durch die Auswahl von umweltfreundlichen Materialien. Die bei der Produktion der Bücher entstandenen CO_2-Emissionen werden durch die Unterstützung von zertifizierten Klimaschutzprojekten ausgeglichen. Jedes Buch wird daher mit dem Logo „klimaneutral" und einer ClimatePartner-Zertifikatsnummer versehen. Mithilfe dieser Nummer können Sie unter www.climatepartner.com Informationen zu der eingesparten CO_2-Menge und dem Projekt finden, das mit der Abgabe gefördert wird.

Das Engagement des Conrad Stein Verlags wurde im Rahmen des Projekts „Klimaneutraler Buchverlag" mit dem Westenergie Klimaschutzpreis 2022 ausgezeichnet.

OutdoorHandbuch Band 261

ISBN 978-3-86686-795-6 2., überarbeitete Auflage 2023

Text und Fotos: Michael Hennemann
Karten: Manuela Dastig
Lektorat: Anna-Lena Ebner
Layout: Anna-Lena Ebner und Alexandra Sauerland

Gesamtherstellung: AZ Druck und Datentechnik GmbH, Kempten

Dieses OutdoorHandbuch hat 96 Seiten mit 37 farbigen Abbildungen sowie 9 farbigen Kartenskizzen im Maßstab 1:150.000, 9 farbigen Höhenprofilen und einer farbigen, ausklappbaren Übersichtskarte.

Alle Informationen, schriftlich und zeichnerisch, wurden nach bestem Wissen zusammengestellt und überprüft. Sie waren korrekt zum Zeitpunkt der Recherche. Eine Garantie für den Inhalt, z. B. die immerwährende Richtigkeit von Preisen, Adressen, Telefonnummern und Internetadressen, Zeit- und sonstigen Angaben, kann naturgemäß von Verlag und Autor – auch im Sinne der Produkthaftung – nicht übernommen werden.

Autor und Verlag freuen sich über Ihr Feedback. Schreiben Sie Ihre Tipps und Verbesserungen an info@conrad-stein-verlag.de oder nutzen Sie unsere Social-Media-Kanäle. Bitte nennen Sie dabei Titel, Auflage und Seitennummer.

Dieses Buch ist im Buchhandel und in Ausrüstungsläden erhältlich und kann im Internet oder direkt beim Verlag bestellt werden.

Titelfoto: Tarradalen vor der Såmmarlappahütte, 7. Etappe

Inhalt

☺ Eine Übersichtskarte des Weges, Autorenprofil sowie eine Liste aller verwendeten Symbole in diesem Buch finden Sie auf den vorderen und hinteren Umschlagseiten bzw. -klappen.

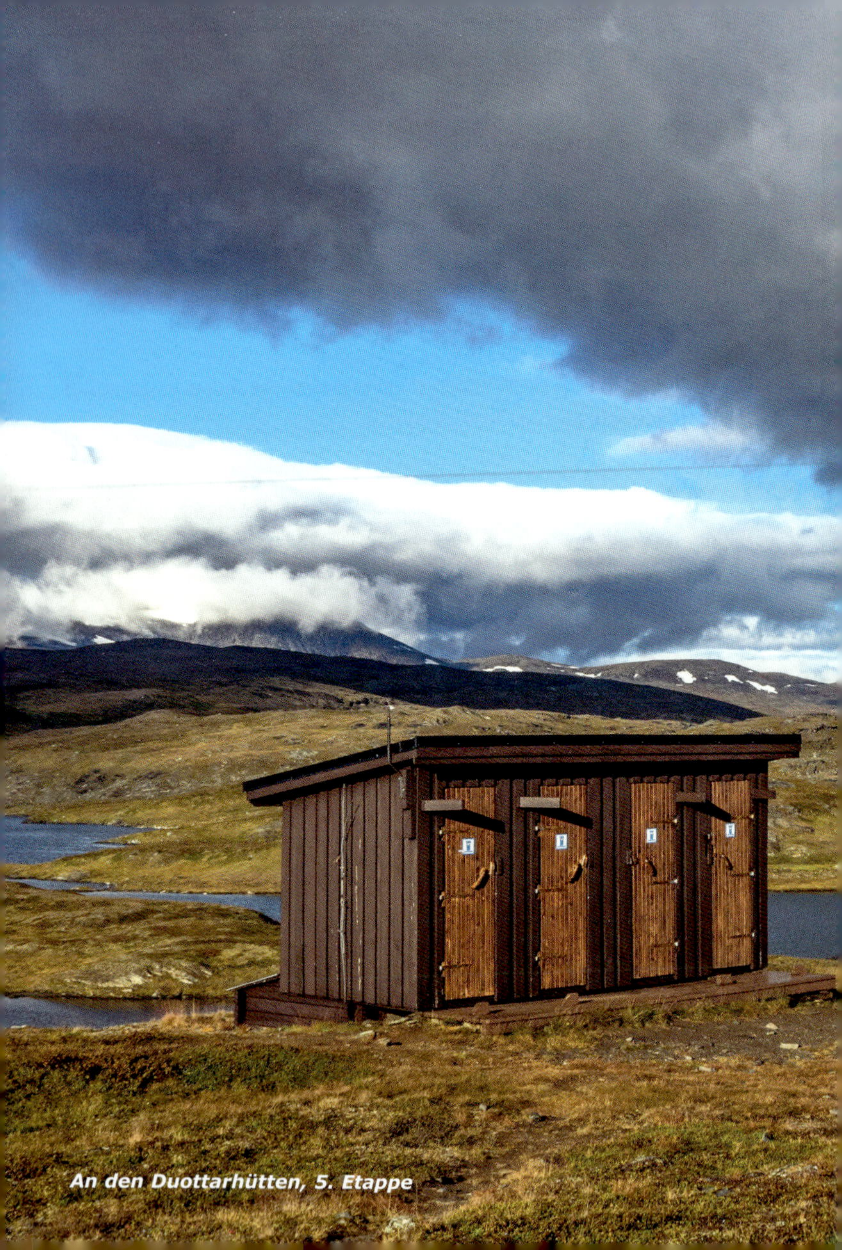

An den Duottarhütten, 5. Etappe

Land und Leute

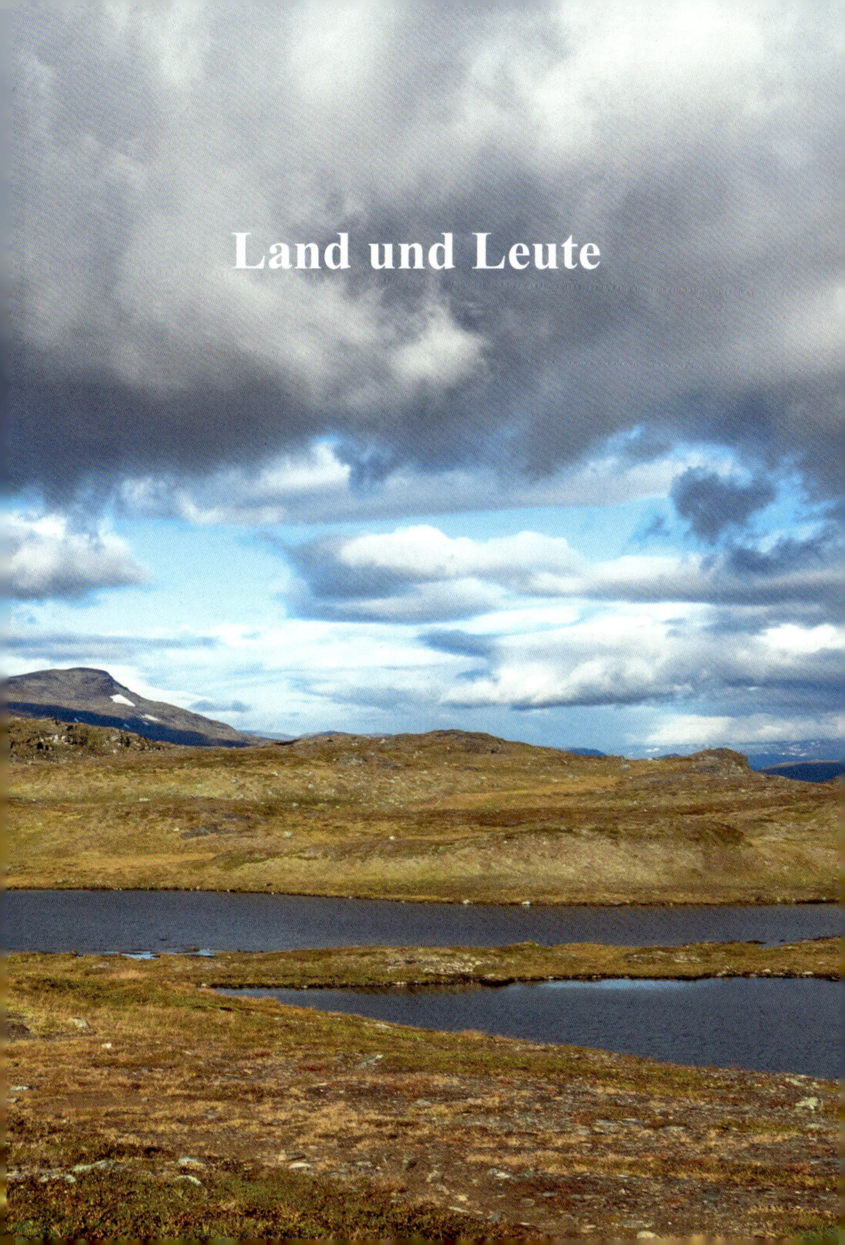

Der Padjelantaleden

Oberhalb des Polarkreises wartet eine der einsamsten Landschaften, die Europa zu bieten hat. Wer sich auf den weiten Weg bis nach Lappland macht, wird mit Natur pur, Einsamkeit und natürlich vielen Rentieren belohnt.

Der Padjelanta-Nationalpark ist der größte der schwedischen Nationalparks und zählt zu den schönsten Ecken im Fjäll. Ganz sicher braucht sich der Padjelantaleden nicht hinter dem legendären Wanderklassiker Kungsleden oder Touren im Nationalpark Sarek zu verstecken. Er verläuft über weite, von rauschenden Gebirgsflüssen durchzogene Hochebenen, die von den norwegischen Bergen im Westen und den schroffen, mächtigen Sarek-Gipfeln im Osten eingerahmt werden, und vorbei an glasklaren, riesigen Bergseen, die in der Sonne funkeln. In weiten Teilen wandert man oberhalb der Baumgrenze und die Ausblicke sind spektakulär.

Padjelanta ist auch traditionelles Sommerweidegebiet für die Rentiere mehrerer Sámi-Gemeinden und die Rentierwirtschaft besteht auch im Nationalpark fort. Neben dem einzigartigen Naturerlebnis bietet der Padjelantaleden daher außerdem die Möglichkeit, die Lebensweise der samischen Bevölkerung hautnah kennenzulernen. Mehrere Sámi-Siedlungen liegen am Weg und auch die Übernachtungshütten im Padjelanta-Nationalpark werden in der Regel von Sámi-Familien betrieben.

Die Abstände zwischen diesen Übernachtungsmöglichkeiten betragen zwischen 10 und 23 km und man kann mit leichtem Gepäck von Hütte zu Hütte wandern. Wer möchte, kann aber natürlich auch das Zelt mitnehmen. Exzellente Zeltplätze gibt es mehr als genug.

Das Höhenprofil der Tour ist moderat, die Steigungen halten sich in Grenzen, Bohlenwege erleichtern das Vorankommen auf den morastigen Abschnitten und Brücken über Flüsse und Bäche ersparen gefährliche Flussquerungen.

Kurz: Der 160 km lange Padjelantaleden ist der ideale Einstieg ins Lapplandtrekking und auch für Wanderer ohne Fjällerfahrung in etwa zehn Tagen machbar. Lediglich seinen Rucksack samt Proviant für mehrere Tage sollten Sie tragen können, denn die Einkaufsmöglichkeiten unterwegs sind begrenzt.

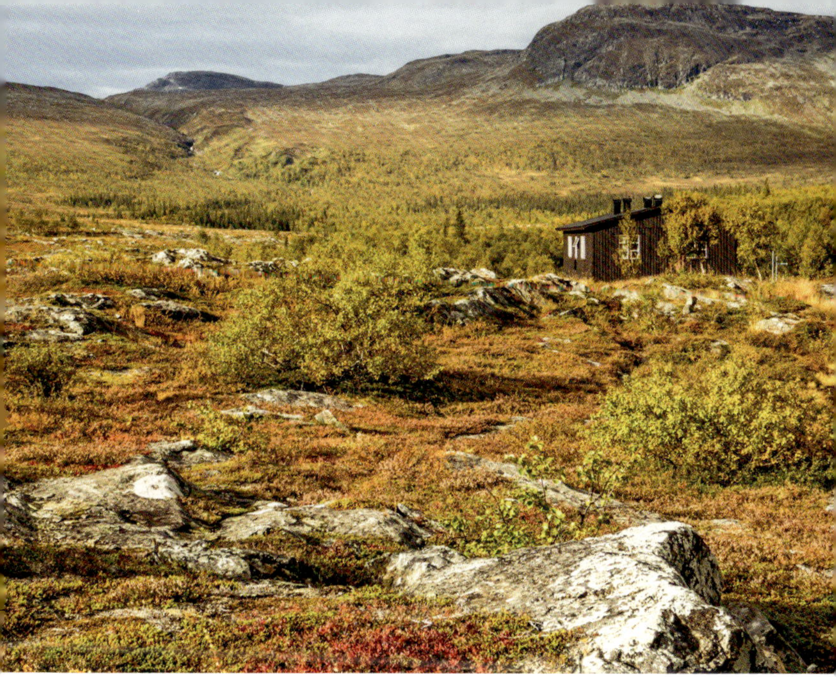

Übernachtungsmöglichkeit Njunjeshütte, 8. Etappe

Bleibt im Vorfeld nur noch zu klären, ob man besser in Ritsem oder Kvikkjokk startet, denn anders als beim Kungsleden, den die Mehrzahl der Wanderer von Nord nach Süd unter die Füße nimmt, gibt es beim Padjelantaleden keine eindeutige Wanderrichtung.

Die Etappenbeschreibung in diesem Buch startet am nördlichen Ende des Padjelantaledens in Ritsem. So beginnt die Tour mit einer Bootsüberfahrt über den Akkajaure/Áhkájavrre und das legendäre Áhkámassiv im Sarek bildet den Auftakt für das Abenteuer Padjelantaleden.

Man befindet sich gleich mitten im Fjäll und die ersten sechs Tage führen meist oberhalb der Baumgrenze über das Kahlfjäll. Die letzten drei Tage wandert man dann durch das idyllische Tarradalen, das mit seiner üppigen Pflanzenwelt aus Birkenwald, Blumen und Farn einen Kontrast zur kargen Hochgebirgslandschaft bildet, und durch die Wälder und Sümpfe bis Kvikkjokk am Ostrand des Fjälls.

Der Padjelanta-Nationalpark

Der Padjelanta-Nationalpark liegt auf dem Gemeindegebiet von Jokkmokk und reicht im Westen bis zur norwegischen Grenze, wo der Rago-Nationalpark beginnt. Im Osten auf schwedischer Seite schließen sich der Stora Sjöfallet- und der Sarek-Nationalpark an.

Die samische Bezeichnung Badjelánnda bedeutet „hohes Land" und charakterisiert treffend die Besonderheiten des Gebiets. Praktisch der gesamte Nationalpark liegt oberhalb der Baumgrenze und bildet eine alpine Hochebene in einer Höhe zwischen 800 und 1.000 m. Die offene Landschaft mit den von den Gletschern der Eiszeit rund geschliffenen Oberflächenformen steht im auffälligen Kontrast zu den angrenzenden, schroffen Gipfeln des Sarek.

Der Padjelanta-Nationalpark wurde erst 1962 unter Schutz gestellt und ist der flächenmäßig größte Nationalpark in Schweden und einer der größten in Europa. Im Mittelpunkt stehen die ausgedehnten Wasserflächen der Bergseen Vásstenjávrre/Vastenjaure und Virihávrre/Virihaure sowie die alpinen Heideflächen.

Rentiere, im Hintergrund der Vásstenjávrre, 2. Etappe

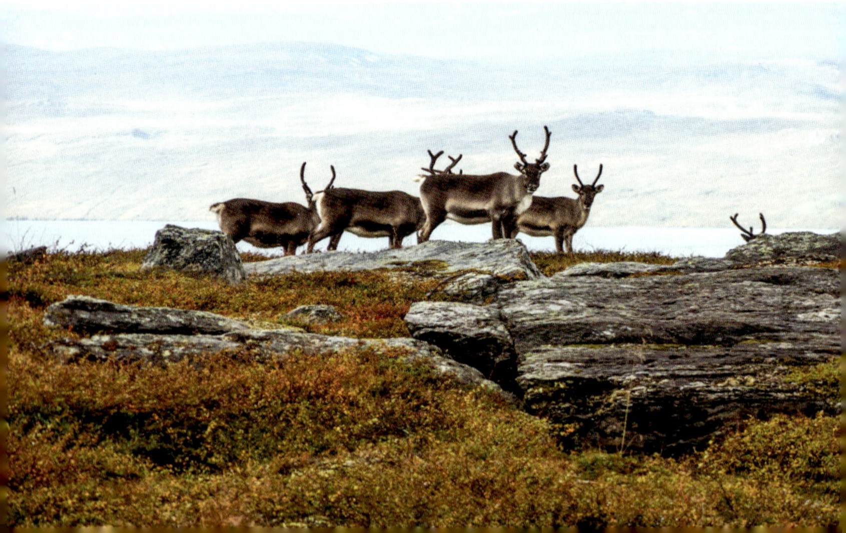

Seit Jahrhunderten ziehen die Sámi mit ihren Rentieren ab Anfang Mai von den tiefer gelegenen Waldgebieten auf die Padjelanta-Hochebene, wo die Tiere auf den saftigen Wiesen ein gutes Futterangebot finden und ihre Jungen zur Welt bringen. Zusätzlich zu den Weideflächen für die Rentiere nutzen die Sámi außerdem den Fischreichtum der großen Bergseen als Lebensgrundlage. Seit 1996 ist der Padjelanta-Nationalpark Teil des UNESCO-Welterbes Laponia ☞ Welterbe Laponia).

Der kalkreiche Boden in Verbindung mit hohen Niederschlagsmengen und der jahrhundertelangen Rentierbeweidung hat eine artenreiche, einzigartige Pflanzen- und Tierwelt hervorgebracht. Zu den allgegenwärtigen Pflanzen wie Trollblumen und Eisenhut gesellen sich auch seltene alpine Arten wie Kriechendes Sandkraut, Arktisches Fingerkraut oder Gold-Enzian, die nur im Padjelanta-Gebiet wachsen.

Die Sumpfgebiete sind Heimat für Watvögel, darunter Bergente, Krickente und Odinshühnchen, in den Fjällheiden leben Wiesenpieper, Goldregenpfeifer und Steinschmätzer und mit etwas Glück lässt sich auf einer Wanderung auch ein Steinadler beobachten. Polarfuchs, Lemming und Vielfraß sind nur drei Beispiele für die in der Region anzutreffenden Säugetierarten. Mit Abstand am häufigsten zu sehen sind selbstverständlich die halbzahmen Rentiere.

Sámi/Samen

Das Fjäll ist das traditionelle Siedlungsgebiet der Sámi. Die Samen betreiben ihre Rentierwirtschaft in einem Gebiet, das vom Femunden-See im Bezirk Hedmark (Norwegen) bzw. Idre in Dalarna (Schweden) im Süden und Finnland im Südosten bis zur Kola-Halbinsel (Russland) im Norden reicht. Die Zahl der hier lebenden Samen wird auf rund 80.000 geschätzt. Die meisten von ihnen leben in Norwegen (etwa 35.000). In Schweden ist heute Stockholm „das größte Samendorf Schwedens“: Nahezu zwei Drittel der Samen leben in der Hauptstadt und nur noch wenige Tausend im Fjäll. Die Zahlen zur samischen Bevölkerungsstärke variieren je nach Quelle allerdings recht stark, da es weder eine Volkszählung noch eine einheitliche Definition für die ethnische Zugehörigkeit gibt.

Der genaue Ursprung der Samen ist ungewiss. Am verbreitetsten akzeptiert ist die Auffassung, dass die Vorfahren der heutigen Samen aus dem Baltikum zunächst nach Finnland eingewandert und später nach Nordschweden und -norwegen weitergezogen sind. Die ersten Samen waren Jäger und Sammler, die wilde Rentiere jagten und Fischfang betrieben. Davon zeugen heute noch Fanggruben, die Sie auch auf einer Padjelantaledenwanderung antreffen.

Kern dieser frühen Gesellschaft war die „siida", eine Gemeinde, die sich aus mehreren Familien zusammensetzte, die in einem bestimmten Gebiet jagten und fischten.

Als die Zahl der wild lebenden Rentiere abnahm, gingen die Samen vor etwa 500 Jahren zur Zucht von halbzahmen Tieren über und die einstigen Jäger wurden zu Nomaden, die den natürlichen Wanderbewegungen ihrer Tiere im Jahresverlauf folgten.

Die Bedeutung der Rentierzucht hat im Laufe der Zeit immer weiter abgenommen und heute lebt nur noch ein kleiner Teil der Bevölkerung von der Rentierzucht als Haupterwerbszweig, wobei die Rentierwirtschaft auch traditionell nie die einzige Erwerbsquelle darstellte, sondern schon immer durch Jagd und Fischerei ergänzt wurde. Heute haben die meisten Sámi einen weiteren Job und viele arbeiten in Behörden, in der Dienstleistung oder im Tourismus. Aber auch die Rentierzüchter wohnen nicht mehr in einem primitiven Kota-Zelt, sondern haben (zumindest für den Winter) einen festen Wohnsitz und leben in einem festen Haus aus Stein oder Holz.

Auch sonst hat sich die Rentierwirtschaft den modernen Gegebenheiten angepasst: Der Schlitten wurde durch Schneemobile ersetzt, beim Zusammentreiben der Herde kommen Handy und Helikopter zum Einsatz und die Verarbeitung der Rentiere erfolgt in modernen Schlacht- und Tiefkühlhäusern. Die von den Touristenprospekten gerne in den Vordergrund gestellten bunten Trachten werden nur an besonderen Fest- und Feiertagen getragen.

Die Eigenständigkeit der samischen Kultur wurde seit dem 16. Jh. durch die Entstehung der Nationalstaaten und der Ausbreitung des Christentums bedroht und die Samen in immer weiter nördlich liegende Regionen abgedrängt. Weder bei den Grenzziehungen noch bei administrativen Gliederungen der einzelnen Staaten wurde Rücksicht auf den Landbesitz der Samen genommen.

Die ersten Organisationen, die sich für die Rechte der Samen einsetzten und auf Probleme aufmerksam machten, entstanden um die Jahrhundertwende. In der Nichtregierungsorganisation des „Rats der Samen“ (Sámiráđđi) trafen 1956 erstmalig Samen aus Norwegen, Schweden und Finnland zusammen, um gemeinsam für ihre Rechte einzutreten und gleichartige Verhältnisse in allen nordischen Ländern zu schaffen. Seit 1992 sind auch die russischen Samen vertreten.

In der 2. Hälfte des 20. Jh. führten das gesteigerte Selbstbewusstsein und massive Proteste zu einer verbesserten Anerkennung der indigenen Bevölkerung und die einzelnen Länder räumten, je nach Land mit unterschiedlichem Umfang, der samischen Bevölkerungsgruppe umfangreichere Rechte ein. Es entstanden zweisprachige Schulen, eigene Radiosender und Parlamente. Der Einfluss dieser Parlamente bleibt aber gering, denn die samische Volksvertretung hat nur beratende Funktion, aber keine gesetzgebende Gewalt. Nichtsdestotrotz sind diese Einrichtungen wichtige Foren, um sich für die traditionelle Landnutzung der Samen einzusetzen (z. B. Sonderregelungen in den Nationalparks und das Recht, mit ihren Herden die norwegisch-schwedische Grenze zu übertreten).

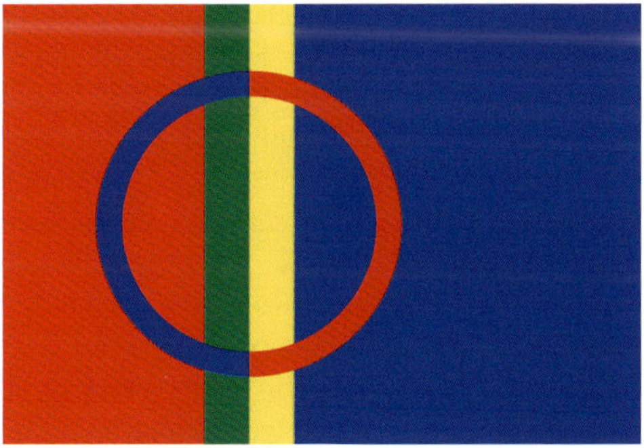

Samische Flagge

Am 15. August 1986 einigte sich der 13. Samische Rat auf eine einheitliche Flagge, die unabhängig vom jeweiligen Nationalstaat die Samen repräsentiert. Die Flagge wurde von der samischen Künstlerin Astrid Båhl aus Skibotn in Norwegen gestaltet. Der blaue Kreis symbolisiert den Mond, der rote die Sonne. Die Sinnbilder gehen auf alte samische Sagen und Geschichten zurück, in denen die Samen als Söhne und Töchter der Sonne besungen werden. Auf dem gleichen Kongress wurde auch Isak Sabas „Sámi Soga Lávlla“ (Lied der Samen) als Hymne angenommen.

⌘ Die An- bzw. Abreise von Kvikkjokk führt Sie fast zwangsläufig nach Jokkmokk. Planen Sie dort unbedingt den Besuch des sehenswerten Ájtte-Museums für samische Kultur ein, das einen umfangreichen Einblick in die schwedischen Fjällwelt und seine Bewohner gewährt.

♦ Ájtte – Svenskt Fjäll- och Samemuseum, Kyrkogatan 3, 96231 Jokkmokk, ☏ 09 71/170 70, 💻 www.ajtte.com

Welterbe Laponia

1996 nahm die UNESCO vier Nationalparks und mehrere Naturreservate auf dem Gemeindegebiet von Jokkmokk und Gällivare im nordschwedischen Lappland unter der gemeinsamen Bezeichnung Laponia in seine Liste des Welterbes auf.

Neben Padjelanta/Badjelánnda gehören auch die Nationalparks Sarek, Muddus/Muttos und Stora Sjöfallet/Stuor Muorkk sowie die Naturreservate Sjávnja, Stubbá, Tjuoltadalen/Tjuoldavuobme, Ráhpaäno/Rapadalen und Sulitelma/Sulidälbmá zu Laponia.

Das Schutzgebiet umfasst eine in Europa einmalige, vielfältige Landschaft aus alpinen Gipfeln, glasklaren Bergseen, ausgedehnten Moorflächen und Wäldern und erstreckt sich über 9.400 km^2. Das ist fast die vierfache Fläche des Saarlands (2.569 km^2)!

Die Auswahl beruhte auf einer Kombination der einzigartigen Natur und der kulturellen Bedeutung. Denn seit prähistorischen Zeiten wird die Region von den Sámi bewohnt und die Landschaft steht in enger Verbindung mit deren Lebensweise. Sie ziehen seit Jahrhunderten mit ihren Herden durchs Fjäll und Laponia ist weltweit eines der größten und am besten erhaltenen Beispiele für das Nomadentum.

Die Tradition besteht fort und im Gebiet von Laponia befinden sich neun Sámi-Gemeinden. Dabei handelt es sich allerdings nicht um eine klassische Gemeinde in Form eines Dorfes oder einer Stadt, vielmehr umfasst eine Sámi-Gemeinde ein weitläufiges Gebiet, manchmal sogar einen kompletten Streifen von der Küste bis zu den Bergen. Es gibt aber durchaus weitere Gemeinde-Formen, z. B. Wald-Sámi-Gemeinden, die das ganze Jahr über in den Waldgebieten leben, oder Berg-Sámi, die sich ganzjährig in den Bergen aufhalten.

Inzwischen stellt der Tourismus einen wichtigen Wirtschaftsfaktor für die Sámi dar. So werden z. B. die Übernachtungshütten im Padjelanta-Nationalpark von Sámi-Familien betreut und in den Siedlungen entlang des Wanderwegs kann man regionale Nahrungsmittel wie Rentierfleisch, getrockneten Fisch oder Fladenbrot kaufen.

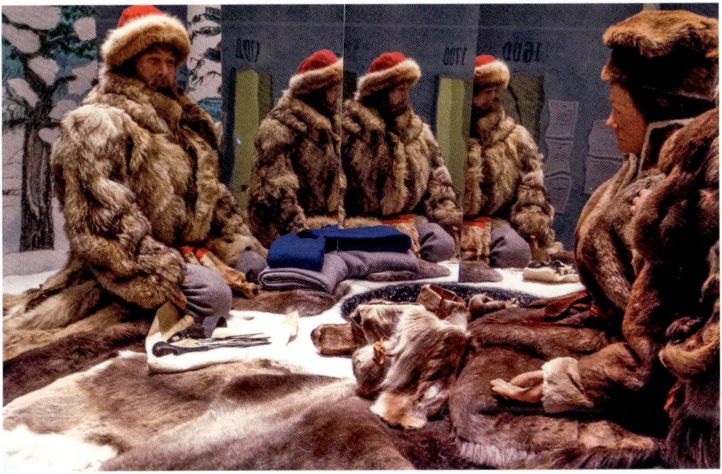

Im Ájtte-Museum Jokkmokk

⌘ Eine gute Möglichkeit, mehr über Laponia zu erfahren, bieten die insgesamt vier Besucherzentren und das Naturum. Ein Besuch lässt sich z. T. gut mit der An-/Abreise zum Padjelanta verbinden. Im Herzen von Laponia, direkt an der Straße von Gällivare nach Ritsem, liegt das Naturum in Stora Sjöfallet. Das Besucherzentrum Jiellevárre/Gällivare ist im Bahnhofsgebäude untergebracht und ideal geeignet, um sich die Wartezeit auf den Bus oder Zug zu verkürzen. Das Infozentrum Huhttán/Kvikkjokk liegt unweit der Fjällstation am südlichen Endpunkt des Padjelantaledens. Weitere Besucherzentren sind in Bårjås/Porjus und Jåhkåmåhkke/Jokkmokk (im Ájtte-Museum) zu finden.

♦ nähere Informationen zum Welterbe Laponia und den Besucherzentren unter 💻 www.laponia.nu

Reise-Infos von A bis Z

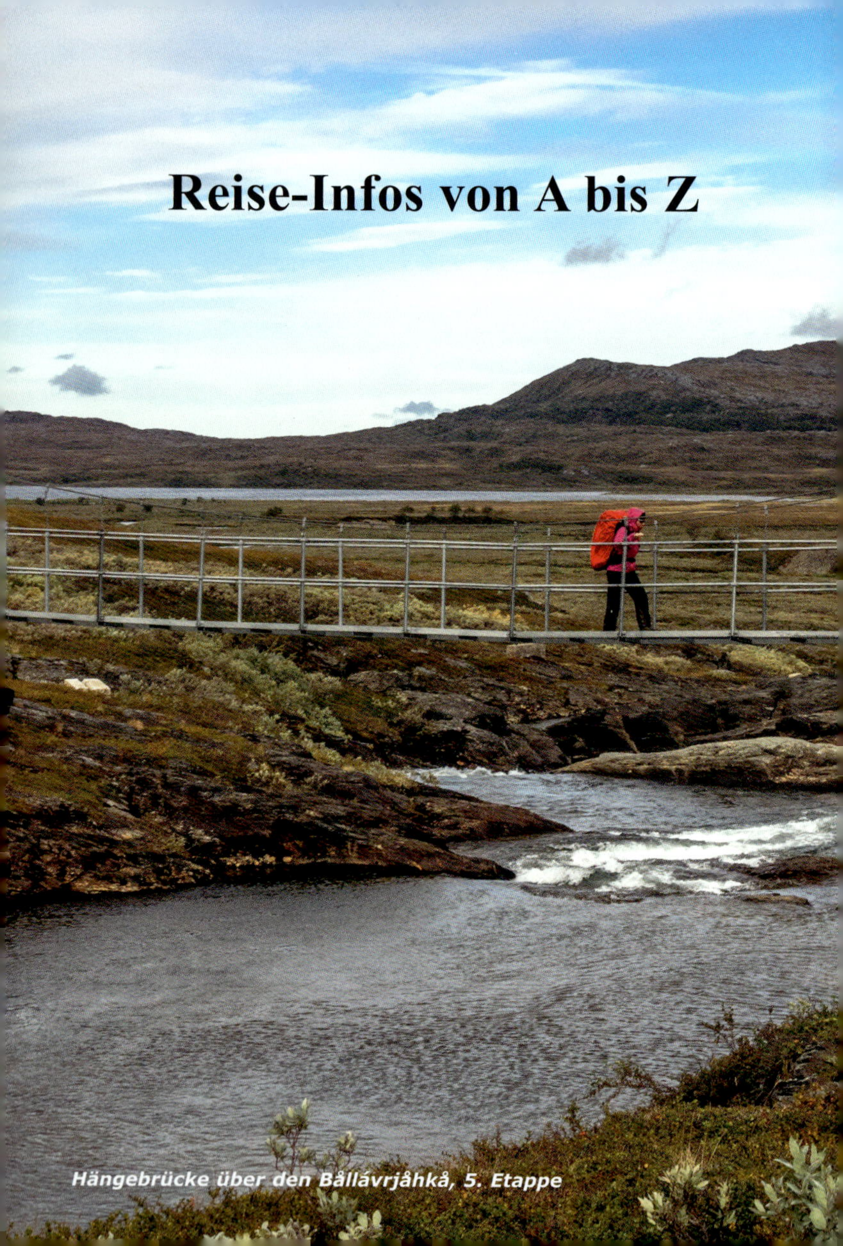

Hängebrücke über den Bållávrjåhkå, 5. Etappe

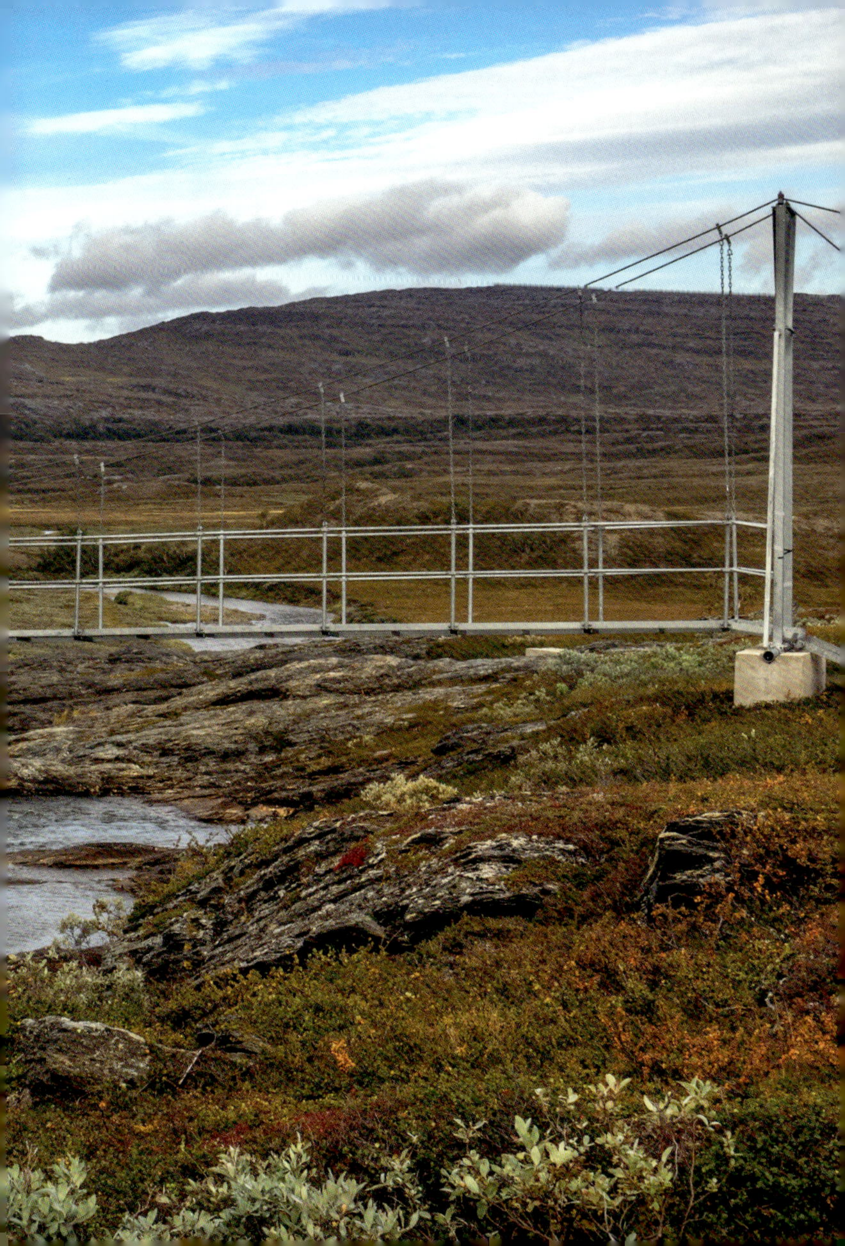

An- und Abreise

Der Padjelanta-Nationalpark liegt nördlich des Polarkreises, entsprechend lang und aufwendig ist die Anreise. Dabei haben Sie die Wahl zwischen der gemütlichen Fahrt mit dem (Nacht-)Zug oder der (etwas) schnelleren Anreise mit dem Flugzeug.

Grundsätzlich erreichen Sie den Ausgangspunkt Ihrer Wanderung in drei Schritten: Zunächst geht es mit Bahn, Bus oder Flugzeug nach Stockholm und weiter per Flugzeug oder Nachtzug nach Gällivare. Von dort gelangen Sie dann mit dem Bus zum Startpunkt des Padjelantaledens.

Egal für welches der möglichen Verkehrsmittel Sie sich entscheiden: Planen Sie in jedem Fall jeweils mindestens zwei bis drei Tage für die An- und Abreise zu den Ausgangspunkten Ritsem am nördlichen Ende bzw. Kvikkjokk am südlichen Ende des Padjelantaledens ein.

Anreise am Bahnhof in Gällivare

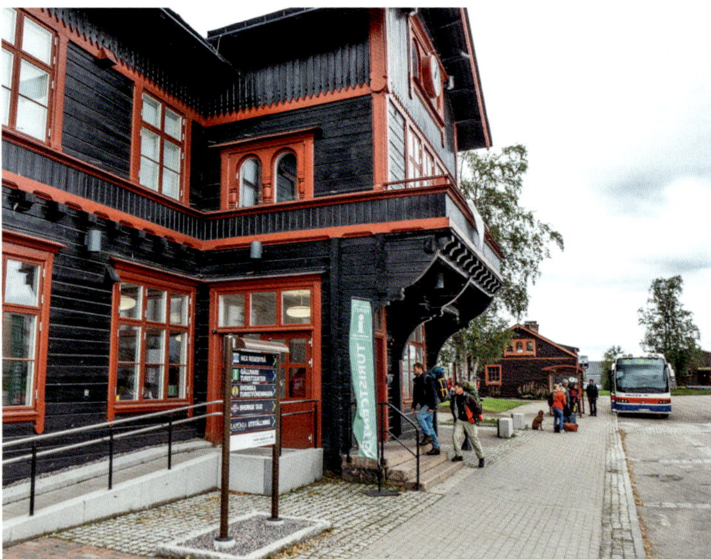

Mit der Bahn nach Schweden

Für die Bahnanreise von Deutschland in die schwedische Hauptstadt Stockholm haben Sie die Wahl zwischen mehreren Alternativen. Neben der EC-Verbindung von Hamburg über Kopenhagen und weiter nach Stockholm gibt es auch zwei regelmäßige Nachtzugverbindungen von Berlin über Hamburg nach Kopenhagen mit der schwedischen Bahngesellschaft Snälltåget (💻 www.snalltaget.se) sowie mit dem SJ EuroNight von Hamburg-Altona nach Stockholm. Für die Wanderung auf dem Padjelantaleden müssen Sie von Stockholm dann (mit einem weiteren Nachtzug) nach Gällivare oder Murjek fahren. Die reguläre Fahrt dauert (ab Hamburg) je nach Verbindung zwischen 26 und 30 Std.

Aktuelle Tarif- und Fahrplaninformationen finden Sie im Internet auf den Seiten der Deutschen Bahn 💻 www.bahn.de sowie der Schwedischen Bahngesellschaft 💻 www.sj.se.

Vergünstigte Tickets für die Bahnreise nach Stockholm bieten der „Sparpreis Europa" der Bahn. Eine Alternative für alle EU-Bürger ist der Interrail Global Pass, der in verschiedenen Varianten angeboten wird. Er erlaubt neben jeweils einer Fahrt aus und in das Wohnsitzland die freie Fahrt an 4/5/7 Tagen innerhalb eines Monats und kostet für Erwachsene in der 2. Klasse € 185/212/251. Für die Sitzplatzreservierung und Nachtzüge fallen allerdings Zusatzgebühren an. Weitere Informationen finden Sie unter 💻 de.interrail.eu.

Inlandsbanan

Eine nicht nur für Eisenbahnfans interessante Alternative für die Bahnreise nach Nordschweden stellt im Sommer die Fahrt mit der privat betriebenen Inlandsbanan von Östersund über Jokkmokk nach Gällivare dar. Fahrpläne und weitere Infos unter 💻 https://inlandsbanan.se.

Mit dem Bus

Aus mehreren deutschen Großstädten bestehen mehrmals wöchentlich Busverbindungen nach Stockholm (z.T. mit Umstieg in Göteborg) und die Tarife sind im Vergleich zur Bahn etwas günstiger. Die Reisezeit von Norddeutschland bis Stockholm beträgt etwa 24 Std. Fahrpläne und Tarife findet man im Internet z. B. unter 💻 www.eurolines.de und 💻 www.flixbus.de.

Mit dem Flugzeug

Aufgrund der großen Entfernung stellt das Flugzeug die schnellste und bequemste Anreisemöglichkeit dar. Geeignete Zielflughäfen für den Padjelantaleden sind neben Gällivare (GEV) auch Luleå (LLA), Arvidsjaur (AJR) und Kiruna (KRN).

☺ Interessant für die Anreise zum Padjelantaleden ist die Kombination aus einem Flug nach Stockholm und der Weiterreise im Nachtzug nach Gällivare.

Direkte Linienverbindungen nach Stockholm (ARN) bestehen u.a. von Hamburg (HAM), Berlin (BER), Düsseldorf (DUS), Frankfurt/Main (FRA), Köln-Bonn (CGN), Stuttgart (STR), München (MUC) und Wien (VIE):

- www.flysas.com
- www.lufthansa.com
- www.easyjet.com (BER – ARN)
- www.norwegian.com (BER – ARN – KRN)
- www.ryanair.com (CGN/VIE – ARN)

An- und Abreise zum Start-/Endpunkt des Padjelantaledens

Die letzte Strecke zum Start- bzw. Endpunkt des Padjelantaledens müssen Sie in jedem Fall mit dem Bus zurücklegen. Das ist grundsätzlich kein Problem, da Schweden über ein gutes, weitverzweigtes öffentliches Verkehrssystem verfügt. Nur ausreichend Zeit sollten Sie mitbringen und die Reise gut planen, denn oft gibt es nur wenige (außerhalb der Hochsaison gar nur eine) Verbindungen pro Tag:

Wenn Sie nach Kiruna fliegen, bestehen mehrmals täglich Bus- und Zugverbindungen nach Gällivare.

Von Gällivare besteht im Sommer (in Anlehnung an die Öffnungszeiten der STF Fjällstationen bzw. Hütten) eine Busverbindung über Stora Sjöfallet nach Ritsem (Fahrplan unter www.roadtoritsem.com).

Die Busverbindung von und nach Kvikkjokk hängt von der Jahreszeit ab. Im Sommer verkehrt die Linie 94 (Kvikkjokk – Jokkmokk – Murjek). In Murjek haben Sie Anschluss an die Bahn. Im Spätsommer/Herbst müssen Sie die Buslinien 47 (Kvikkjokk – Jokkmokk) und Linie 43 (Jokkmokk - Murjek) kombinieren.

Anbieter der Buslinien vor Ort in Schweden ist Länstrafiken i Norrbotten (www.ltnbd.se). Achten Sie bei der Reiseplanung unbedingt auf den Gültigkeitszeitraum der einzelnen Fahrpläne. Gute Dienste bei der Planung liefert auch die Internetseite www.resrobot.se, die die Fahrpläne aller schwedischen Bus- und Bahngesellschaften beinhaltet und kombiniert. Sie geben einfach die gewünschten Start- und Zielpunkte ein und bekommen schnell, komfortabel und zuverlässig die passenden Verbindungen angezeigt.

Fahrkartenkauf vor Ort

Beim Ticketkauf für Bus und Bahn vor Ort sind einige Besonderheiten zu beachten. Wer sein Busticket beim Fahrer kaufen möchte, braucht zwingend eine Kreditkarte. Bargeld wird nicht mehr akzeptiert. In den Zügen der Schwedischen Bahn kann man sein Ticket nicht beim Schaffner kaufen (bei den privaten Bahnanbietern wird das unterschiedlich gehandhabt) und nicht einmal am Bahnhof in Kiruna gibt es einen Fahrkartenautomaten. Am besten kaufen Sie Ihre Fahrkarten daher vorab über die bereits erwähnte Internetseite www.resrobot.se oder www.sj.se und lassen sich das Ticket als SMS aufs Handy schicken.

Helikopter

Im Padjelanta-Nationalpark gibt es keine Straßen und der Helikopter stellt die einzige Möglichkeit dar, die Hütten entlang des Padjelantaledens direkt zu erreichen. Im Sommer werden täglich regelmäßige Hubschrauberflüge sowohl ab Ritsem wie auch ab Kvikkjokk nach Stáloluokta angeboten. Der Preis für die Strecke von Ritsem oder Kvikkjokk nach Stáloluokta beträgt ca. SEK 1.700 pro Person (inklusive 20 kg Gepäck).

- Fiskflyg AB, www.fiskflyg.se, Ritsem: ☏ 09 73/400 32, booking@fiskflyg.se, Kvikkjokk: ☏ 09 71/210 40, kvikkjokk@fiskflyg.se

Mit dem eigenen Auto zum Padjelantaleden?
Selbstverständlich können Sie auch mit dem eigenen Auto nach Lappland fahren. Nur sollte man Aufwand und Strapazen nicht unterschätzen. Von Hamburg nach Jokkmokk sind es immerhin rund 2.000 km!

Direktfähren nach Schweden sind z. B. www.stenaline.de, www.ttline.com und www.scandlines.de. Über die Große Belt Brücke in Dänemark (www.storebaelt.dk) und die Öresundbrücke zwischen Kopenhagen und Malmö (www.oeresundsbron.com) kann man Schweden sogar komplett auf dem Landweg erreichen.

Die Straßen sind vor allem im mittleren und nördlichen Schweden sehr schwach befahren. Die Geschwindigkeit ist in Südschweden meistens auf 90 km/h begrenzt, weiter nördlich auf 110 km/h.

Den eigenen Pkw lässt man für die Wanderung am besten in Jokkmokk stehen, da von hier aus gute Busverbindungen nach Ritsem und Kvikkjokk bestehen, sodass man sowohl den Ausgangspunkt leicht erreicht wie auch nach der Tour ohne großen Aufwand zurück zum Auto kommt.

Ausrüstung

Beim Packen sollten Sie unbedingt den Grundsatz „So viel wie nötig, so wenig wie möglich!“ beherzigen. Hüten Sie sich davor, Dinge mit einem „wäre doch nicht schlecht dabeizuhaben“ in den Rucksack zu stecken. Je leichter der Rucksack, desto unbeschwerter können Sie die Wanderung auf dem Padjelantaleden genießen. Als Anhaltspunkt: Für eine Tour von Hütte zu Hütte sollte der Rucksack nicht mehr als 10-12 kg wiegen.

Trotz allem Minimalismus dürfen Sie natürlich keine Gegenstände vergessen, die Sie unterwegs unbedingt benötigen. Mit Regen, Wind und Sturm ist am Padjelantaleden immer zu rechnen, in den höheren Lagen ist selbst im Sommer Schnee möglich – es gilt also, warm und wasserfest zu packen.

Über die Jahre bewährt hat sich das sogenannte Zwiebelprinzip, d. h., mehrere dünne Lagen sind flexibler als eine dicke, wärmende Schicht. Die erste Schicht bildet dabei Funktionsunterwäsche aus Kunstfaser oder Merinowolle, die selbst dann warm hält, wenn sie nass geworden ist. Auf die Mittellage aus wärmendem Fleece folgt die Wetterschicht aus wasser- und winddichter Überhose und Jacke. Abgerundet wird das Ganze mit einer Mütze, um den Kopf warm zu halten.

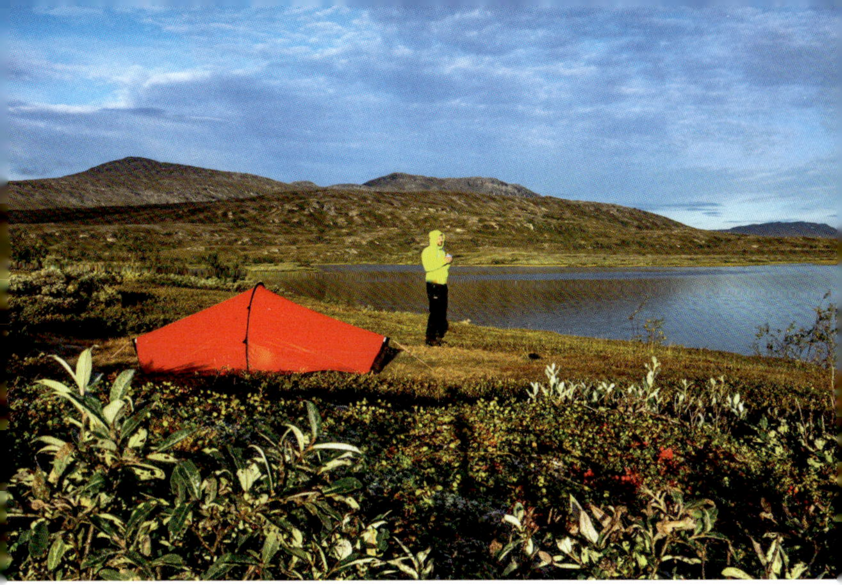

Zeltmöglichkeit an den Stáloluoktahütten

Wer in seiner Etappeneinteilung flexibler sein möchte, muss natürlich zusätzlich ein (windstabiles!) Zelt und damit verbunden weitere Ausrüstung wie Isomatte, Kochausrüstung und einen Schlafsack mitnehmen.

Der Schlafsack kann bei einer Hüttenübernachtung natürlich dünner ausfallen als bei einer Nacht im Zelt. Die beste Lösung ist nach meiner Erfahrung eine Kombination aus einem Daunen- oder Kunstfaser-Schlafsack und einem Inlett aus Baumwolle, Seide oder Fleece. Das Inlett kann für die Hüttenübernachtungen genutzt werden und bietet darüber hinaus eine Temperaturreserve für kalte Nächte im Zelt.

Ein besonderes Augenmerk gilt der Auswahl des passenden Schuhwerks. Gefragt sind feste Wanderstiefel mit rutschfesten Sohlen. Sie sollten guten Halt bieten und auch die Knöchel schützen. Nordland-Kenner und alte Fjällhasen schwören für eine Wandertour im Norden auf ihre Lundhags – und das zu Recht. Diese Stiefel bilden die ideale Synthese aus Gummistiefeln und Wanderschuhen, sodass man sowohl einen festen Tritt hat als auch bei den oft sumpfigen Passagen keine nassen Füße befürchten muss, denn trotz der Bohlenstege steht man öfter als einem lieb ist bis zum Knöchel im Morast.

Natürlich wird sich nicht jeder für eine Tour auf dem Padjelantaleden gleich spezielle Schuhe kaufen, und das ist auch nicht nötig, denn gute Wanderschuhe sind völlig ausreichend. Und wenn es ganz schlimm kommt, kann man Füße und Schuhe schließlich auch wieder trocknen. Eine sinnvolle Ergänzung zu Wanderstiefeln sind Gamaschen, die eine Menge Feuchtigkeit abhalten und verhindern, dass bei Flussquerungen Wasser von oben in die Schuhe läuft.

Zusätzlich zu den Wanderschuhen habe ich immer noch ein paar Sandalen im Gepäck. Zum einen ist es eine Wohltat, abends die Wanderschuhe loszuwerden, zum anderen sind die Sandalen für das Durchwaten tiefer Flüsse unabdingbar.

☺ Für eine zehntägige Wanderung braucht man nur eine kleine Menge an Duschgel und Haarshampoo. Füllen Sie daher Kosmetika am besten in kleine Fläschchen (erhältlich z. B. in Apotheken) um, um überflüssiges Gewicht zu vermeiden.

Neben der richtigen Bekleidung müssen Sie außerdem ausreichend Proviant mitführen, da die Einkaufsmöglichkeiten entlang der Strecke nur begrenzt sind (☞ Reise-Infos von A-Z, Essen und Trinken).

Achten Sie beim Packen darauf, dass die schweren Sachen oben und möglichst nahe am Rücken liegen (der Schwerpunkt sollte sich möglichst auf Schulterhöhe befinden). Packen Sie so, dass öfter benötigte Dinge leicht zugänglich sind (z. B. Regensachen). Üblicherweise kommt der Schlafsack ins Bodenfach, Proviant, Kocher, Zelt und Bekleidung werden im Hauptfach verstaut, während Zeltgestänge und eventuell die Isomatte außen befestigt werden können, wenn der Platz im Rucksack zu knapp wird. Kleinkram und die Tagesverpflegung sind am besten im Deckelfach aufgehoben.

☺ Gut zu wissen für Gaskocher-Besitzer: In Schweden sind Primus-Gaskartuschen mit Schraubanschluss weit verbreitet und auch im Shop der STF-Fjällstationen zu bekommen. Nachschub für blaue Campingaz-Kartuschen (gilt sowohl für Stech- wie auch Ventilkartuschen) dagegen gibt es entlang der Wanderroute nicht. Diese sind ausschließlich in speziellen Outdoorgeschäften erhältlich.

Packliste für den Padjelantaleden

Grundausstattung

- ☐ Trekkingrucksack (etwa 50-70 l) samt Regenüberzug
- ☐ 2 x Funktionsunterwäsche aus Merinowolle oder Kunstfaser
- ☐ 1 x lange Unterwäsche
- ☐ schnell trocknendes Hemd/Shirt oder dünner Fleecepullover
- ☐ 2 Paar (Trekking-/Wander-) Socken
- ☐ Handschuhe, Mütze, Sonnenbrille
- ☐ wind- und wasserdichte Überhose
- ☐ wind- und wasserdichte Jacke
- ☐ (eingelaufene!) Wanderstiefel
- ☐ Sportschuhe oder Sandalen (zum Waten und für die Hütten)
- ☐ Hüttenschlafsack oder Laken

Pause

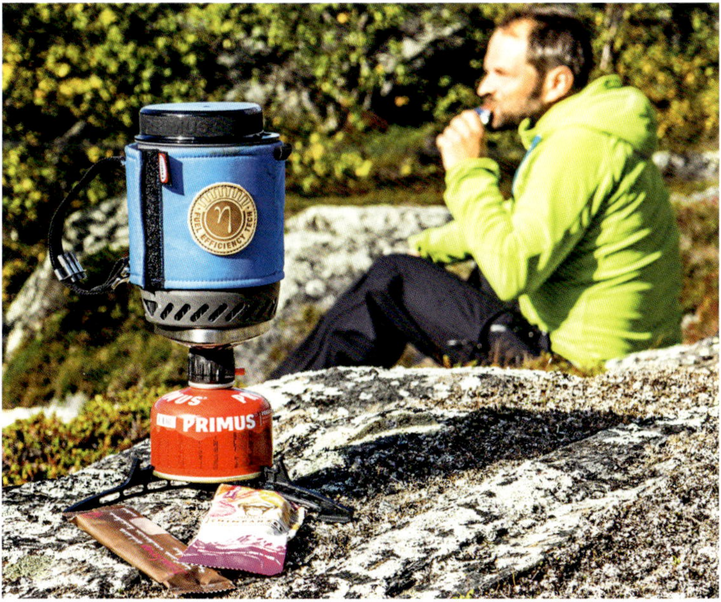

Essen & Trinken

- ☐ „Spork“ (multifunktionales Campingbesteck mit Löffel, Gabel und Messer in einem)
- ☐ Trinkflasche/Thermoskanne
- ☐ Proviant

Hygiene

- ☐ Erste-Hilfe-Set & Blasenpflaster
- ☐ Sonnen- und Mückenschutz
- ☐ Hygieneartikel & Toilettenpapier
- ☐ Zahnbürste und Zahnpasta
- ☐ Seife
- ☐ kleines, schnell trocknendes Reisehandtuch

Sonstiges

- ☐ Landkarte und Kompass/GPS-Empfänger
- ☐ E-Book-Reader
- ☐ Fotoapparat
- ☐ Taschenmesser
- ☐ Trillerpfeife (Notsignal)
- ☐ Taschen- oder besser Stirnlampe
- ☐ Ausweis, Mitgliedskarte STF/DJH

Zusätzliche Ausrüstung bei Zelttouren

- ☐ Zelt
- ☐ Isomatte
- ☐ Schlafsack
- ☐ Feuerzeug/Streichhölzer
- ☐ Campingkocher mit ausreichend Brennstoff

☺ Wenn Sie die Padjelanta-Wanderung im Rahmen einer längeren Skandinavienreise unternehmen, können Sie Gegenstände, die Sie für die Dauer der Tour nicht benötigen per Bus („Bussgods“, 💻 www.bussgods.se) vor dem Start in Ritsem nach Kvikkjokk schicken. Die erforderlichen Versanddokumente bekommen Sie an der Rezeption der Fjällstation in Ritsem.

Diplomatische Vertretung

... in Schweden

Ⓓ Deutsche Botschaft (Tyska Ambassaden), Skarpögatan 9, 11527 Stockholm, ☏ 08/670 15 00, 💻 www.stockholm.diplo.de

Ⓐ Österreichische Botschaft, Kommendörsgatan 35/V, 11458 Stockholm, ☏ 08/665 17 70, 💻 www.bmeia.gv.at/oeb-stockholm/

(CH) Schweizer Botschaft, Valhallavägen 64, 10041 Stockholm, ☏ 08/676 79 00, 💻 www.eda.admin.ch/stockholm

Schwedens in Deutschland

Ⓓ Schwedische Botschaft, Rauchstr. 1, 10787 Berlin, ☏ 030/50 50 60, ✉ ambassaden.berlin@gov.se, 💻 www.swedenabroad.com

... in Österreich

Ⓐ Schwedische Botschaft, Liechtensteinstrasse 51, 1090 Wien, ☏ 01/21 75 30, ✉ ambassaden.wien@gov.se

... in der Schweiz

(CH) Schwedische Botschaft, Bundesgasse 26, 3011 Bern, ☏ 031/328 70 00, ✉ ambassaden.bern@gov.se

Essen und Trinken

Die Möglichkeiten zum Provianteinkauf entlang des Padjelantaledens sind begrenzt. Ein gut sortiertes Sortiment an Nahrungsmittelvorräten finden Sie nur in den beiden Fjällstationen Ritsem und Kvikkjokk (hier gibt es zudem ein ✕ Restaurant) zu Beginn und am Ende der Wanderung sowie am Kiosk am Ende der vierten Etappe in Stáloluokta. Eine begrenzte Auswahl an Grundnahrungsmitteln werden in den STF-Hütten Såmmarlappa und Tarrekaise verkauft.

Uneinheitlich ist das Angebot bei den BLT-Hütten (☞ Übernachtung) im Padjelanta-Nationalpark. Nudeln und Dosenwürstchen bekommt man zwar praktisch immer, das weitere Angebot variiert aber je nach Hütte, anwesendem Hüttenwart und Saison. Man kann durchaus frisches Brot zum Frühstück oder einen Rentierburger zum Abendessen bekommen. Nur verlassen sollten Sie sich darauf nicht und das Angebot eher als Bereicherung für den eigenen Speiseplan sehen.

Wer auf der sicheren Seite sein möchte, packt vor dem Start ausreichend Proviant für die gesamte Dauer der Tour ein. In jedem Fall sollten Sie den Proviant aber so kalkulieren, dass er sicher bis Stáloluokta reicht. Hier müssen die Vorräte dann so weit aufgestockt werden, dass Sie bis zur Såmmarlappahütte kommen.

Die Versorgung mit Trinkwasser stellt auf der gesamten Wanderung kein Problem dar, denn das Wasser der (zahlreichen) Gebirgsbäche kann man ohne Bedenken trinken. Alles, was Sie benötigen, ist ein Trinkgefäß oder besser eine Trinkflasche.

Das Zusammenstellen der richtigen Proviantmenge erfordert einige Erfahrung, denn Sie wollen unterwegs ja weder hungern noch feststellen, dass Sie überflüssiges Gewicht im Rucksack mit sich herumschleppen.

An dieser Stelle kann und möchte ich keine Angaben zur benötigten Proviantmenge machen, schließlich hat jeder von uns einen sehr unterschiedlichen Geschmack und Energiebedarf. Wenn Sie keinerlei Erfahrungen mit längeren Wandertouren haben, sollten Sie aber auf jedem Fall im Hinterkopf behalten, dass Sie auf einer anstrengenden Trekkingtour mit schwerem Rucksack auf dem Rücken rund ein Viertel mehr an Kalorien verbrauchen, als Sie es von zu Hause gewohnt sind.

Das begrenzte Rucksackvolumen zwingt zur Mitnahme von ausreichend nahrhaftem, aber platzsparendem Proviant. Man mag über Fertiggerichte denken, was man will – auf einer längeren Tour, bei der der gesamte Proviant für einen längeren Zeitraum getragen werden muss, gibt es dazu keine Alternative. Verschiedene Firmen haben sich auf die besonderen Anforderungen von Expeditionen spezialisiert und bieten Fertiggerichte, die man nur noch mit heißem Wasser übergießen und ziehen lassen muss. Diese Gerichte sparen Brennstoff, sind schmackhaft, abwechslungsreich und sättigend.

♦ Anbieter gefriergetrockneter Lebensmittel für die Trekkingtour finden Sie z. B. unter 💻 www.travellunch.de oder 💻 www.trekneat.com.

Vorschlag für die Tagesverpflegung

▷ Morgens: Müsli, Trockenmilch, getrocknete Früchte, Kaffee oder Tee, Milchschokolade

- ▷ Mittags: eine Gemüsesuppe (Brühe), Schokolade, Müsliriegel
- ▷ Für die kleine Mahlzeit zwischendurch: Süßigkeiten, Kekse, Trockenobst und Nüsse („Studentenfutter“)
- ▷ Abends: Fertiggericht (Nudeln, Couscous, Kartoffelbrei oder Reis), zum Nachtisch Pudding oder Fruchtsuppe (in Skandinavien gibt es leckeres Fruchtsuppenpulver aus der Tüte zu kaufen, unbedingt probieren!)
- ▷ Brausetabletten machen bei Bedarf das Trinkwasser schmackhafter.

Geld

Offizielles Zahlungsmittel in Schweden ist die Schwedische Krone.

€ 1 entspricht etwa SEK 11.55 und SEK 1 etwa € 0,09 (Stand 06/2023).

Aktuelle Wechselkurse findet Sie z. B. unter: 💻 www.oanda.com.

Es gibt Scheine zu 1.000, 500, 200, 100, 50 und 20 Kronen. Münzen haben die Werte 10, 5, 2 und 1 Kronen. Ab Herbst 2015 wurden neue Geldscheine und Münzen eingeführt, und wer von einer zurückliegenden Reise noch älteres Bargeld besitzt, sollte vor Reiseantritt die Gültigkeit prüfen. Informationen dazu finden Sie online bei der schwedischen Reichsbank 💻 https://www.riksbank.se

Verfolgt man die Berichte in deutschen Medien, gewinnt man schnell den Eindruck, dass das Bargeld in Schweden kurz vor dem Aussterben steht. Im Fjäll ticken die Uhren allerdings etwas langsamer und das Bezahlen mit Kreditkarte ist ausschließlich an den beiden Fjällstationen in Ritsem und Kvikkjokk, bei der Bootsüberfahrt ab Ritsem sowie am Kiosk in Stáloluokta möglich. Die Übernachtungen an den Hütten (alternativ können Sie die Übernachtungen schon vorab über das Internet buchen ☞ Unterkunft) und der Bootstransfer nach Kvikkjokk am südlichen Ende des Padjelantaledens dagegen müssen bar bezahlt werden.

Um auf der sicheren Seite zu sein, sollten Sie sowohl ausreichend Bargeld wie auch eine Kreditkarte (samt PIN) mitführen, denn so ist z. B. der Ticketkauf beim Busfahrer für die An-/Abreise zum Ausgangs- bzw. Endpunkt nur noch bargeldlos möglich.

☺ Unter 💻 www.kartensicherheit.de können Sie einen Infopass mit allen Notrufnummern zum Sperren der Bank- und Kreditkarten herunterladen.

GPS

Das Global Positioning System ist im weitläufigen schwedischen Fjäll sehr hilfreich. Auf einen einfachen Knopfdruck hin bekommen Sie Ihren aktuellen Standpunkt geliefert und das meist bis auf wenige 10 m genau. Moderne Geräte arbeiten so stromsparend, dass man (zumindest wenn man sich auf einzelne Punktmessungen beschränkt) mit wenigen Batterien auskommt. Natürlich ist der GPS-Empfänger ein technisches Hilfsmittel, dem Sie nicht blind vertrauen sollten. Der sichere Umgang mit Karte und Kompass bleibt daher Pflicht und kann nicht durch ein GPS-Gerät ersetzt werden.

🕮 **Karte · Kompass · GPS** von Reinhard Kummer, Conrad Stein Verlag, Basiswissen für draußen, ISBN 978-3-86686-685-0, € 9,90

♦ **GPS** *Grundlagen · Tourenplanung · Navigation* von Michael Hennemann, Conrad Stein Verlag, Basiswissen für draußen, ISBN 978-3-86686-769-7, € 12,90, Neuauflage 2023

In diesem Buch finden Sie die GPS-Daten wichtiger Service-Einrichtungen entlang der Strecke, wie z. B. Hütten und Fjällstationen, angegeben als geografische Breite/Länge (im Format hddd.ddddd°, Kartenbezugssystem WGS 84). Dieses Format wird u. a. auch von Google Maps oder Google Earth verwendet, sodass Sie die entsprechenden Koordinaten direkt eingeben können, um sich den Ort auf der Karte oder dem Satellitenbild anzeigen zu lassen. Um die Koordinaten in den GPS-Empfänger einzugeben, müssen Sie die entsprechenden Einstellungen vornehmen.

Die GPS-Tracks zu den beschriebenen Wegen können Sie auf der Internetseite des Verlags (💻 www.conrad-stein-verlag.de) herunterladen.

Information

Allgemeine Reise-Infos zu Schweden:

♦ VisitSweden GmbH, Große Bäckerstraße 10, 20095 Hamburg, ☏ 040/32 55 13 10, 💻 www.visitsweden.de

Ansprechpartner für alle Fragen rund um die Wanderung auf dem Padjelantaleden, z. B. Hinweise auf aktuelle Änderungen, Öffnungszeiten der

Hütten usw., sind die samische Touristenvereinigung (Badjelánnda Laponia Turism) sowie die Schwedische Touristenvereinigung (STF):

- Badjelánnda Laponia Turism, Box 4 (Besucheradresse: Storgatan 40), 96221 Jokkmokk, ☏ 070/281 30 03, ✉ padjelanta@padjelanta.com, 💻 www.padjelanta.com
- Schwedische Touristen-Vereinigung (Svenska Turistföreningen), Box 17251, 10462 Stockholm (Besucheradresse: Rosenlundsgatan 60, 11863 Stockholm), ☏ 08/463 21 00, ✉ info@stfturist.se, 💻 www.stfturist.se

Klima und Reisezeit

Kvikkjokk zeichnet sich durch ein gemäßigtes, aber kaltes Klima aus und es gibt das ganze Jahr über ergiebige Niederschläge. Der an den Padjelanta-Nationalpark im Osten angrenzende Gebirgszug des Sarek ist eine regelrechte Regenwand. Dort werden die höchsten Niederschlagsmengen im Fjäll gemessen, etwa 1.600 mm im Jahr. Die Sommer sind kurz und intensiv. Der Winter hingegen ist im Fjäll eher Normalität, denn das halbe Jahr über liegt Schnee.

Klimatabelle für Kvikkjokk

Monat	Niederschlag in mm	Temperatur in °C
Januar	42	-10,5
Februar	33	-9,5
März	31	-5,5
April	29	-0,7
Mai	36	4,8
Juni	57	10,1
Juli	87	12,5
August	76	11,1
September	63	6,4
Oktober	55	1,5
November	47	-5,2
Dezember	47	-8,8

Das Wetter im schwedischen Fjäll ist sehr wechselhaft und ändert sich schnell. War es gerade noch angenehm sonnig, kann es schon im nächsten Moment anfangen zu regnen oder ein Gewitter mit Hagelschauer zieht auf. Die beste Anlaufstelle für eine detaillierte Wettervorhersage ist die Website des schwedischen meteorologischen Instituts 💻 www.smhi.se. Allerdings sind die längerfristigen Prognosen eher unsicher und man hat unterwegs mangels Mobilfunkempfang (☞ Telefonieren und Internet) keine Möglichkeit, einen aktuellen Wetterbericht abzurufen.

Im Zeitraum vom 15.5. bis zum 31.7. sorgt die Mitternachtssonne für 24 Std. Tageslicht. Im September sollten Sie die Taschen- oder besser Stirnlampe nicht vergessen. Das Frühjahr ist die wohl ungeeignetste Jahreszeit für eine Wanderung in Lappland, denn aufgrund der Schneeschmelze führen die Flüsse sehr viel Wasser.

Die Wandersaison im schwedischen Fjäll beginnt etwa zum Mittsommerfest (Ende Juni) und der Sommer lockt mit den höchsten Temperaturen, allerdings sind auch die meisten Wanderer unterwegs und das Mückenaufkommen erreicht von Ende Juni bis Mitte August seinen Höchststand. Die Mückenplage fällt aber von Jahr zu Jahr unterschiedlich stark aus und hält sich normalerweise in den Gebieten oberhalb der Baumgrenze selbst im Sommer in Grenzen.

Die schönste Zeit für eine Tour auf dem Padjelantaleden ist der Herbst von August bis Mitte September. Die ersten Nachtfröste machen den Mücken den Garaus und das Fjäll erstrahlt im herbstlicher Farbenzauber. Der Wasserstand in den Flüssen sinkt auf ein Minimum und die Flussüberquerungen sind ohne größere Probleme möglich (wobei starke Regenfälle die Flüsse selbst im September anschwellen lassen können). Neben den zu erwartenden Nachtfrösten kann allerdings auch schon der erste Schnee fallen. Die Hütten schließen bereits Anfang September, d. h., Sie treffen danach keine Hüttenwarte mehr an. Ein Dach über dem Kopf bekommen Sie aber noch, denn mindestens eine der Hütten ist ganzjährig geöffnet oder es gibt einen offenen Sicherheitsraum.

✋ Achten Sie bei der Planung einer Spätherbsttour unbedingt auf die Abfahrtszeiten der Boote. Das gilt insbesondere für den Bootstransfer über den Akkajaure/Áhkajávrre bei Ritsem (☞ 1. Etappe), der nur bis Anfang September möglich ist.

Kondition

Trotz seiner einsamen, abgeschiedenen Lage ist der Padjelantaleden verhältnismäßig einfach zu laufen. Die Distanz zwischen den einzelnen Übernachtungshütten beträgt zwischen 10 und 23 km und das Höhenprofil ist durchgehend moderat. Der maximale Anstieg auf einer einzelnen Etappe beträgt 660 m, meist ist es sogar deutlich weniger.

Bei den zu Etappenbeginn genannten Zeiten handelt es sich um die reinen Gehzeiten. Pausen oder Fotostopps sind dabei nicht berücksichtigt.

Landkarten und Wegmarkierungen

Der Wegverlauf des Padjelantaledens ist praktisch überall gut und deutlich zu erkennen. Zusätzlich findet man vereinzelt orangefarbene Markierungen auf Bäumen und Steinen am Wegesrand. An den Hütten und anderen wichtigen Kreuzungspunkten mehrere Pfade sind Richtungswegweiser mit Entfernungsangaben zum nächsten Etappenziel aufgestellt.

Eine Wintermarkierung gibt es am Padjelantaleden nicht!

Wegmarkierung

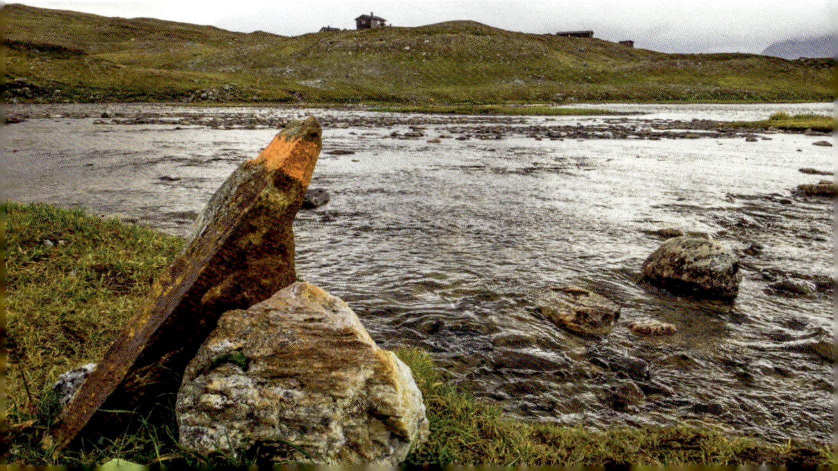

Trotz der problemlosen Wegfindung gehört eine gute Landkarte ins Wandergepäck. Zum einen ermöglicht die Karte es Ihnen, auch einmal vom markierten Weg abzuweichen, zum anderen steigert eine detaillierte Karte das Wandererlebnis und macht Spaß, da Sie in jedem Moment der Tour Gipfel, Flüsse und andere markante Punkte benennen können und stets sicher wissen, wo Sie sich genau befinden.

In Frage kommen dabei die folgenden Kartenwerke:

- Calazo Fjällkarte C83: Padjelantaleden, 1:50.000
- alternativ Calazo Fjällkarte C01: Sarek & Padjelanta, 1:100.000 (beide Karten sind auf wetterfestem Papier gedruckt und zeigen den gesamten Streckenverlauf des Padjelantaledens)
- Turkart 7003: Kungsleden – Padjelanta (Akkastugorna – Stálolukota – Dottarjávarre) und Turkart 7005: Kungsleden – Kvikkjokk (Dottarjávarre – Kvikkjokk), wetterfeste Karten im Maßstab 1:50.000 aus dem norwegischen Verlag Nordeca
- Norstedts Outdoorkartan 03: Saltoluokta – Padjelanta – Kvikkjokk, 1:75.000 (wetterfeste Karte von der Brücke über den Vuojatädno hinter den Akkahütten bis Kvikkjokk, den kurzen Abschnitt vor den Akkahütten und die Vájsaluokta-Variante deckt die Outdoorkartan 02: Nikkaluokta – Sarek – Saltoluokta, 1:75.000 ab)

Die genannten Landkarten gehören in schwedischen Buchhandlungen zum Standard. Vor Ort erhält man die Karten auch in den beiden Fjällstationen Ritsem und Kvikkjokk. In Deutschland sind sie in spezialisierten Buchhandlungen erhältlich, z. B.:

- Geobuchhandlung Kiel, Schülperbaum 9, 24103 Kiel, ☏ 04 31/910 02, 💻 www.geobuchhandlung.de

☺ Die Kartenempfehlungen wurden von der Geobuchhandlung Kiel überprüft.

Mit Hund unterwegs

Im Gegensatz zum Kungsleden lässt sich der Padjelantaleden nicht gut in Begleitung eines Vierbeiners wandern, denn Hunde sind sowohl im Stora Sjöfallet wie auch im Padjelanta-Nationalpark grundsätzlich verboten. Lediglich in den ersten Monaten des Jahres vom 1.1. bis zum 30.4. dürfen angeleinte Hunde mitgeführt werden.

Nottelefon

Das Nottelefon („hjälptelefon“) in den Übernachtungshütten ist in der Regel nicht für normale Telefongespräche gedacht, sondern dient in erster Linie der Verständigung von Polizei oder Bergwacht („fjällräddning“).

Die schwedische Notrufnummer lautet ☏ 112.

Ortsnamen

Im Laufe der Geschichte wurden vielerorts die ursprünglichen samischen Ortsbezeichnungen ins Schwedische übersetzt. Mit der Anerkennung der samischen Minderheit und der Aufnahme von Laponia ins UNESCO-Welterbe wurden große Anstrengungen unternommen, wieder die samischen Schreibweisen zu verwenden, z. B. Áhkájávvre für den Akkajaure-Stausee bei Ritsem. Bei den Nationalparks hat sich die doppelte Schreibweise der schwedischen und samischen Bezeichnung durchgesetzt, z. B. Padjelanta/Badjelánnda oder Stora Sjöfallet/Stuor Muorkke. In diesem Buch wird die Schreibweise entsprechend der topographischen Karte Sarek & Padjelanta, 1:100.000, von Calazo verwendet (☞ Reise-Infos von A bis Z, Landkarten und Wegmarkierung). In älteren Karten oder auch auf älteren Wegweisern im Gelände finden Sie aber mitunter noch die schwedische Bezeichnung. Zum besseren Kartenverständnis finden Sie im Anhang eine Übersicht der wichtigsten geographischen Bezeichnungen (☞ Übersicht häufiger geografischer Begriffe).

Sicherheit

Eine vernünftige Ausrüstung, die richtige Bekleidung, genaue Vorbereitung und ausreichende Kondition sind die Grundvoraussetzungen für eine gelungene Wanderung auf dem Padjelantaleden. Die gründliche Planung der Tour und eine gute Selbsteinschätzung der eigenen Belastbarkeit verringern Sicherheitsrisiken erheblich.

✋ Nässe erschwert das Vorankommen (vor allem, weil der steinige Boden sehr glitschig wird!).

Der eigenen Sicherheit dient der Eintrag („färdmeddelande") im „Logbuch" in allen besuchten Hütten mit Namen, Zeit- und Etappenzielangabe. Taucht man nicht am Ziel auf, wird der Fjällrettungsdienst verständigt und die Suche durch die Notiz im Mitteilungsblock erheblich erleichtert.

Allein zu wandern, stellt immer ein Sicherheitsrisiko dar. Besonders für unerfahrene Trekker empfiehlt es sich, eine Wanderung zu zweit oder mit mehreren zu starten.

📖 Wichtige Hinweise für das sichere Alleinwandern gibt das Buch **Solotrekking** von Dietmar Heim und Dirk Klawatzki, Conrad Stein Verlag, Basiswissen für draußen, ISBN 978-3-86686-045-2, € 7,90.

Hinweise und Ratschläge zum sicheren Durchwaten von Flüssen finden Sie bei ☞ Reise-Infos von A-Z, Waten.

Telefon und Internet

Die Landeskennzahl von Schweden ist 46, von Norwegen 47, von Österreich 43, von der Schweiz 41 und von Deutschland 49.

Telefonieren nach Schweden: Man wählt die 00 46, die Ortskennzahl ohne die Null und die Teilnehmernummer.

Telefonieren aus Schweden und Norwegen: Man wählt von Schweden und von Norwegen aus 00 und die entsprechende Landeskennzahl, danach ebenfalls die Ortskennzahl ohne die Null und die Teilnehmernummer.

Telefonieren nach Norwegen: Man wählt von Deutschland und Schweden aus die 00 47. Bei Telefonaten innerhalb Norwegens wählt man keine Null vor der Rufnummer.

Den in diesem Buch angegebenen Telefonnummern sind gegebenenfalls die entsprechenden Landesvorwahlen voranzuwählen.

Mobiltelefone haben praktisch im gesamten Padjelanta-Nationalpark keinen Empfang und die Nottelefone (☞ Reise-Infos von A-Z, Nottelefon) an den Hütten behalten daher selbst im Mobilfunkzeitalter ihren lebensrettenden Charakter. Aus Ritsem kommend haben Sie bis etwa zur Akkahütte Empfang, im Süden erst wieder ab der Njunjeshütte.

Internet/WLAN gibt es nur am Start- und Zielpunkt des Padjelantaledens in den Fjällstationen Ritsem und Kvikkjokk.

Unterkunft

⌂ Fjällhütten

Insgesamt gibt es auf der Strecke von Ritsem über Änonjálme und Stáloluokta nach Kvikkjokk zehn Übernachtungshütten („fjällstuga"). Der Padjelantaleden kann daher problemlos als Hüttentour gelaufen werden. Die Länge der einzelnen Tagesetappen beträgt dann zwischen 10 km und 23 km.

Die Hütten im Nationalpark (Gisuris bis Darreluoppal) werden von der Sámi-Vereinigung Badjelánnda Laponia Turism (BLT) gemanagt, die Hütten außerhalb des Nationalparks (Akka, Såmmarlappa, Tarrekaise und Njunjes), wie die übrigen Fjällhütten in Schweden, von der Schwedischen Touristenvereinigung (STF).

Während Sie an den BLT-Hütten eher mehrere, kleinere Hütten vorfinden, handelt es sich bei den STF-Anlagen in der Regel um ein oder zwei größere Gebäude. Ansonsten funktionieren die Hütten aber ähnlich. Sie sind mit Betten samt Matratzen, Kopfkissen und Bettdecken ausgestattet, die Mitnahme eines eigenen (Hütten-)Schlafsacks ist trotzdem sehr zu empfehlen.

Geheizt wird mit Gasöfen und um nasse Bekleidung über Nacht wieder trocken zu bekommen, gibt es einen separaten Trockenraum („torkrum"). Die Hütten funktionieren nach dem Selbstversorgerprinzip und verfügen über eine Gemeinschaftsküche, die mit Geschirr ausgestattet ist. Gekocht wird auf Gasherden.

In den Sommermonaten ist ein Hüttenwart anwesend, bei dem man sich nach der Ankunft anmeldet. Der „stugvärd" ist für die Hütte verantwortlich, kassiert die Übernachtungsgebühr, verkauft eventuell Proviant (☞ Essen und Trinken) und steht mit Rat und Tat zur Seite.

Fließendes Wasser gibt es nicht, aber alles hat seinen Platz: Zur Wasserentnahme („vatten"), zum Waschen („tvätt") und für das Abwasser („slask") sind separate Stellen vorgesehen und ausgewiesen. Der Letzte, der die Hütte verlässt, hat Türen und Fenster zu schließen sowie die Gashähne und die Gasflasche zuzudrehen. Es sollte selbstverständlich sein, dass man die Hütte so verlässt, wie man sie selbst vorfinden möchte.

Die Hütten sind im Sommer von Ende Juni bis Anfang/Mitte September geöffnet, die STF-Hütten zusätzlich im Winter von Anfang März bis Ende April/Anfang Mai. Bei den BLT-Übernachtungshütten ist mindestens eine der kleinen Hütten ganzjährig zugänglich, an den STF-Hütten gibt es in der unbemannten Zeit einen offenen Sicherheitsraum. Die ganzjährig geöffneten Übernachtungshütten erkennt man im Übrigen leicht an den Solarzellen und den Funkantennen für das Nottelefon auf dem Dach.

Die Preise für die Hüttenübernachtung liegen bei etwa SEK 550. In den STF-Hütten bekommen Mitglieder einen Rabatt von SEK 100.

Eine Buchung der Hütten im Voraus ist nicht möglich, Sie bekommen aber immer einen Platz – notfalls auf dem Fußboden, wenn alle Betten belegt sind. Bezahlt wird die Übernachtungsgebühr beim Hüttenwart in bar. Außerhalb der Saison kann die Übernachtungsgebühr anschließend mit dem ausliegenden Zahlschein per Überweisung gezahlt werden. Alternativ können Sie in den Fjällstationen Ritsem bzw. Kvikkjokk einen Voucher für die Hüttenübernachtungen erwerben.

Die Übernachtungen in den STF-Hütten können vorab über die Homepage www.stfturist.se bezahlt werden und man erhält dann einen Rabatt in Höhe von SEK 50 auf den Übernachtungspreis. Die BLT-Hütten können im Voraus per Banküberweisung bezahlt werden, die Bankverbindung ist auf der unten genannten Homepage zu finden.

Detaillierte Informationen zu Übernachtungspreisen, Öffnungszeiten und Umfang des Proviantverkaufs der einzelnen Hütten finden Sie unter:

www.padjelanta.com (BLT-Hütten)

www.stfturist.se (STF-Hütten)

Fjällstationen

Am nördlichen Endpunkt Ritsem sowie am südlichen Endpunkt Kvikkjokk erreichen Sie eine STF-Fjällstation. Dabei handelt sich um eine Mischung aus Berghotel und Jugendherberge. Neben Duschen und einer Sauna findet man hier auch eine Selbstversorgerküche und einen kleinen Shop, in dem Proviant, Ausrüstungsgegenstände, Landkarten und Literatur verkauft werden. In der Fjällstation Ritsem kann man Frühstück bekommen, in Kvikkjokk gibt es auch ein Restaurant.

Die Fjällstationen haben im Winter von Ende Februar bis Ende April/Anfang Mai, im Sommer von Mittsommer bis Ende September geöffnet.

Zelten

Mit einem Zelt bestimmen Sie die Länge der Tagesetappen selbst und schlagen das Nachtlager dort auf, wo es Ihnen am besten gefällt. An herrlichen Zeltplätzen mangelt es entlang des Padjelantaledens nicht. Die Kehrseite der Medaille: Mit einem Zelt im Gepäck wird der Wanderrucksack noch einmal schwerer. Das Gewicht spielt daher eine wichtige Rolle bei der Auswahl des richtigen Zelttyps. Viel mehr als 3 kg sollte ein modernes Zwei-Personen-Zelt nicht auf die Waage bringen. Bewährt haben sich Tunnelkonstruktionen, die schnell aufgebaut und windstabil genug sind, um dem stürmischen Fjällwetter zu trotzen.

☺ Wer die Zeltübernachtung mit den Annehmlichkeiten einer Hütte verbinden möchte, kann sein Zelt auch an den Hütten aufbauen und darf dann gegen eine Gebühr (ca. SEK 250/Person) die Serviceeinrichtungen wie zum Beispiel den Trocken- und Gesellschaftsraum sowie die Küche nutzen.

Wer lediglich die Toiletten aufsuchen und seinen Müll an den Abfallsammelstationen entsorgen möchte, ohne die Zeltgebühr zahlen zu wollen, sollte in jedem Fall höflich beim Hüttenwart nachfragen und das Zelt lieber in einigem Abstand zur Hütte aufschlagen, um Missverständnissen vorzubeugen.

Updates

Der Conrad Stein Verlag veröffentlicht Updates zu diesem Buch, die direkt vom Autor oder von Lesern dieses Buches stammen. Bitte suchen Sie vor Ihrer Abreise auf der Verlags-Homepage www.conrad-stein-verlag.de diesen Titel. Der abgebildete QR-Code führt Sie direkt zu der richtigen Seite.

Verhalten in der Natur

Im Padjelanta-Nationalpark gelten spezielle Verhaltensregeln. Das Aufstellen eines Zeltes für ein oder zwei Tage ist problemlos möglich. Auch Feuermachen mit getrockneten Ästen sowie das Pflücken von Beeren und Pilzen ist gestattet. Das Mitführen von Hunden ist dagegen nur im Zeitraum vom 1. Januar bis zum 30. April und nur an der Leine erlaubt. Grundsätzlich verboten sind Fahrräder, Boote und selbstverständlich jegliche Art von motorisierten Geländefahrzeugen. Für das Angeln in den Seen und Flüssen entlang des Padjelantaledens benötigt man eine Genehmigung („fiskekort", erhältlich u. a. in den BLT-Hütten).

Der Padjelantaleden führt zum größten Teil durch Rentierweideland. Alle Rentiere sind domestiziert und gehören einer Samenfamilie. Es ist wichtig, dass die Arbeit der Samen mit ihren Rentieren nicht beeinträchtigt oder gestört wird. Den frei umherziehenden Rentierherden darf man sich nicht allzu sehr nähern: Es ist kostspielig, die durch rücksichtslose Wanderer zersprengte Rentierherde wieder zusammenzutreiben. Auch die Tore in den Rentierzäunen werden nicht immer ordnungsgemäß geschlossen und Tiere wandern von ihrem Weideland in das des Nachbardorfes.

Waten

Das Durchwaten eines Flusslaufs stellt eine der größten Gefahren auf einer Fjällwanderung dar. Auf dem Padjelantaleden sind daher an allen größeren Flüssen Brücken errichtet und wer im Spätsommer oder Herbst unterwegs ist, wird keine schwierigen Flüsse zu queren haben. Die Bäche, die es zu überqueren gilt, sind dann in der Regel maximal knöcheltief und oft kann man trockenen Fußes von Stein zu Stein (Vorsicht: glitschig) hüpfen.

Anders sieht es zur Zeit der Schneeschmelze oder nach anhaltenden Regenfällen aus: Dann sind beim Waten besondere Vorsicht und Aufmerksamkeit angebracht. Gefahren bergen die unebene, nicht erkennbare Bodenbeschaffenheit, das reißende und oft tiefe Wasser sowie die niedrigen Temperaturen der Gebirgsgewässer, die oft zwischen 3 und 13 °C (im Sommer!) liegen.

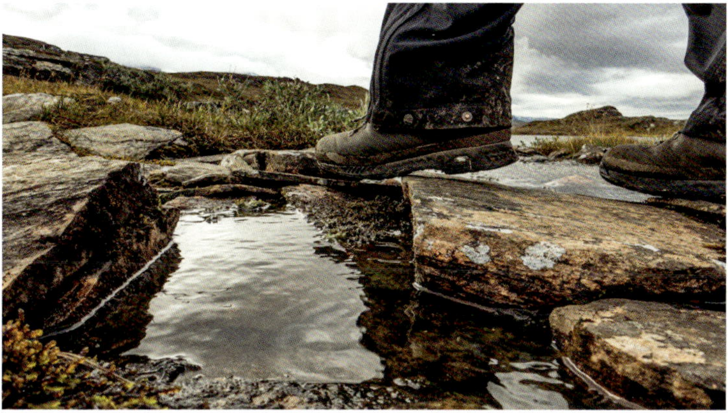

Waten in alpinen Landschaften zwischen Ståloluokta und Duottar

Im Frühjahr (und wenn es nicht regnet) ist der Wasserstand am Morgen am niedrigsten, da die Sonne erst im Laufe des Tages den Schnee abschmilzt. An Flussbiegungen ist das Waten besonders gefährlich, da hier mit Untiefen zu rechnen ist. Es ist sicherer, im Umkreis von ein paar Hundert Metern eine Watstelle an einem geraden Flussverlauf zu suchen und sich für die Auffindung einer geeigneten Stelle Zeit zu nehmen. An Flussverzweigungen (mehrere Arme) sind Flüsse flacher. Auch ausgewiesene Watstellen können problematisch sein, denn den aktuellen Wasserstand kann niemand prognostizieren.

Ein Wanderstock erleichtert die Auffindung der richtigen Watstelle. Beim Waten selbst hält man den Stab gegen die Strömung – Hektik ist unangebracht. In Gruppen kann eine über den Fluss gespannte Leine als Geländer fungieren.

Als Faustregel gilt, je später der Sommer, desto niedriger der Wasserstand. Natürlich gibt es von dieser Regel aber enorme Abweichungen und gerade im Fjäll ist immer mit kurzfristigen Wetterumschwüngen zu rechnen.

☞ Barfuß waten ist sehr gefährlich! Sie sollten in jedem Fall Sportschuhe, Sandalen mit Klettverschluss (die schnell wieder trocknen) oder Ihre normalen Wanderschuhe anbehalten (☞ Ausrüstung). Eine tiefe Schnittwunde kann der Wanderung ein jähes Ende bereiten!

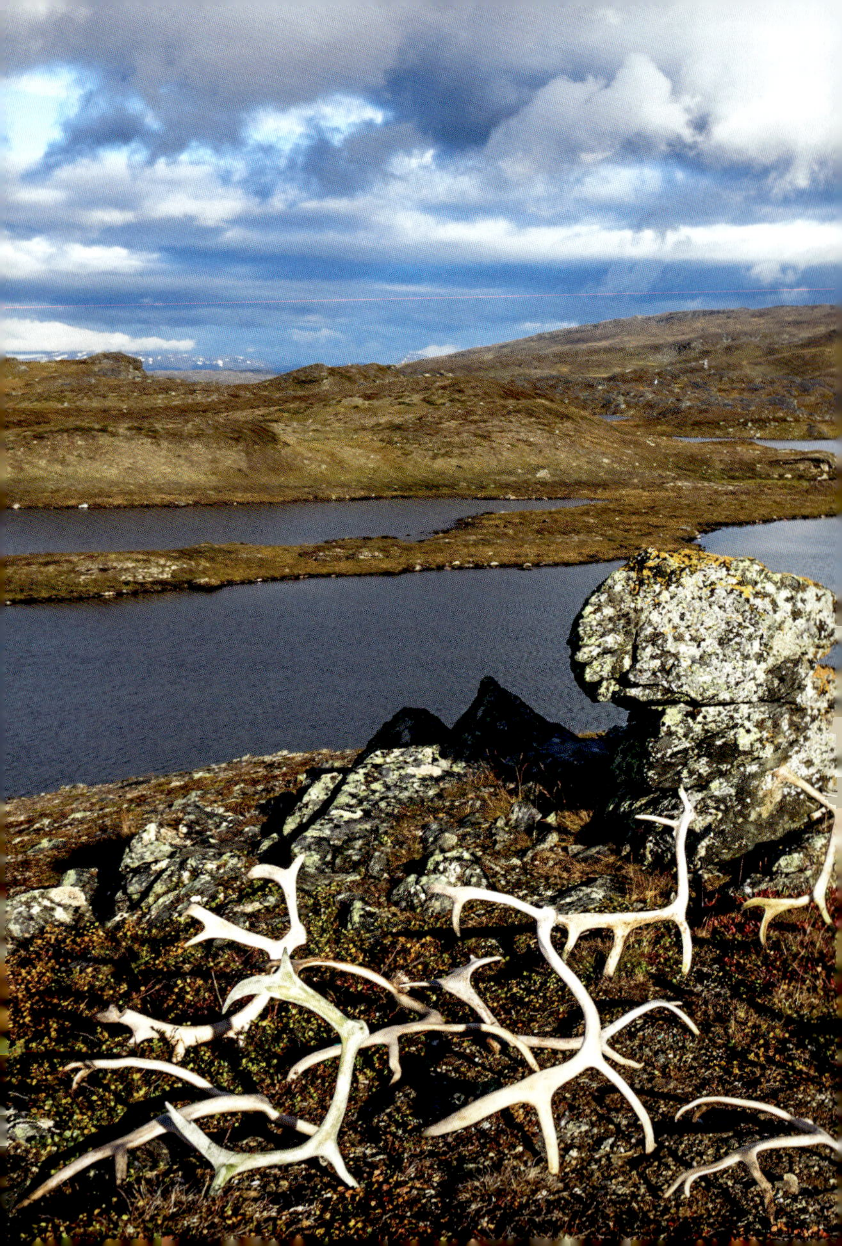

Etappenbeschreibungen

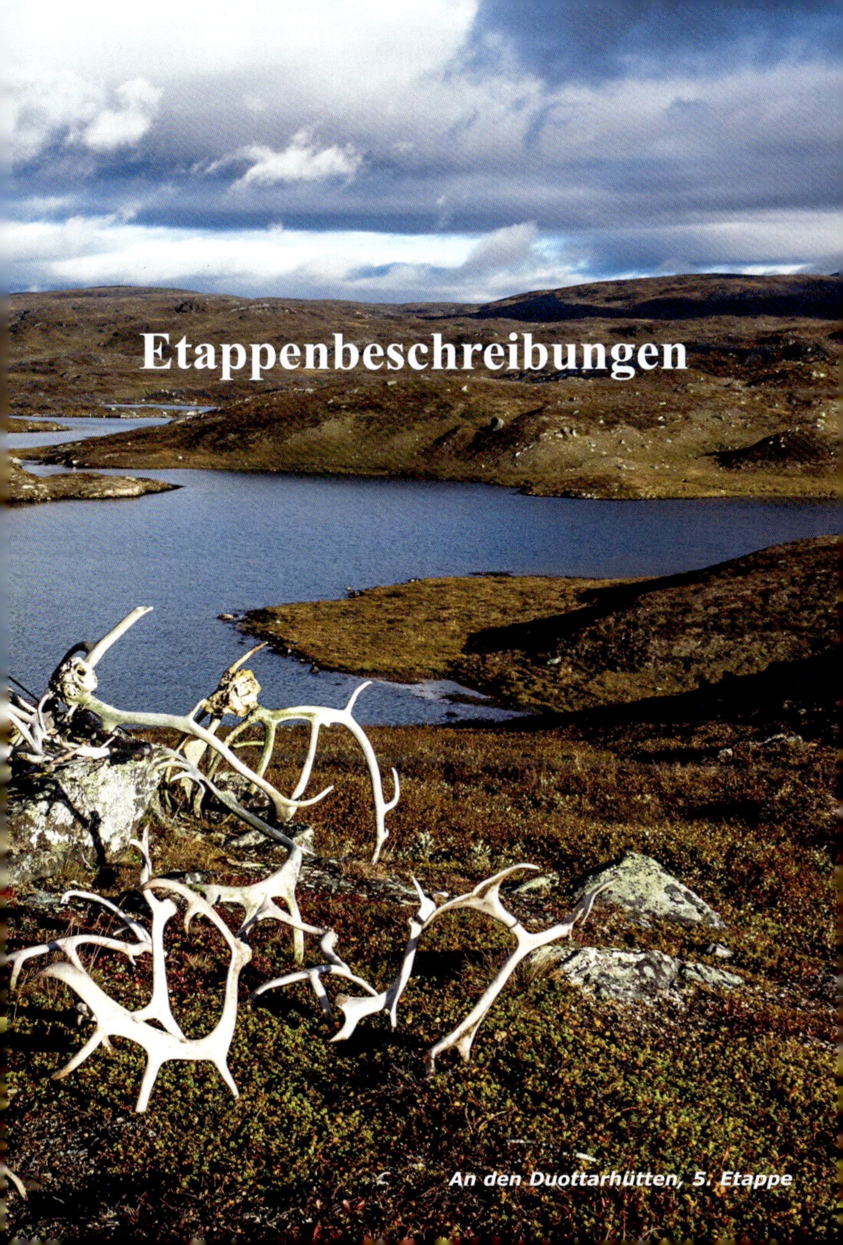

An den Duottarhütten, 5. Etappe

1. Etappe: Fjällstation Ritsem – Gisurishütten

16 km (+ 11 km Bootsfahrt), 4 Std. 30 Min. (+ 40 Min. Bootsfahrt),
↑ 490 m, ↓ 380 m, ⇧ 450-595 m

0,0 km	⇧ 490 m	Fjällstation Ritsem (STF), Sauna, WLAN
1,1 km	⇧ 450 m	Bootsanleger Ritsem
11,5 km	⇧ 450 m	Bootsanleger Änonjálmme
13,0 km	⇧ 470 m	Akkahütten (STF), Sauna
15,2 km	⇧ 455 m	Hängebrücke Vuojatädno
20,0 km	⇧ 510 m	Rastplatz Sjnjuvtjudisjávrásjåkå
25,0 km	⇧ 585 m	Historische Rentierfanggruben
26,0 km	⇧ 560 m	Hängebrücke Sjnjuvtjudisjåhka
27,0 km	⇧ 595 m	Gisurishütten (BLT)

Die Wanderung auf dem Padjelantaleden beginnt (bzw. endet) mit einer etwa 40-minütigen Bootsfahrt über den See Áhkájávrre/Akkajaure. Von der Anlegestelle Änonjálmme sind es rund 2 km bis zu den Akkahütten und der Pfad ist stellenweise mit großen Steinblöcken übersät. An der Hängebrücke über den Fluss Vuojatädno ist der Stora Sjöfallet-Nationalpark erreicht und nachdem Sie aus dem Flusstal herausgeklettert sind, geht es über Kahlfjäll und Moorflächen mit Bohlenstegen zu den Gisurishütten, an denen die drei Nationalparks Sarek, Stora Sjöfallet und Padjelanta zusammentreffen.

Von Mitte Juni bis Anfang September verkehrt ein Bus von Gällivare über Stora Sjöfallet nach Ritsem, Fahrpreis ca. SEK 600, in der Hochsaison zweimal pro Tag, in der Nebensaison nur eine Abfahrt, aktuelle Fahrpläne unter www.roadtoritsem.com.

Vom Hubschrauberlandeplatz in Ritsem starten im Sommer zweimal täglich Hubschrauber nach Ståloluokta mit Halt in Kutjaure. Der Preise für die Strecke Ritsem – Ståloluokta beträgt ca. SEK 1.700 pro Person, inklusive 20 kg Gepäck.

♦ Fiskflyg AB, ☎ 09 73/400 32, www.fiskflyg.se, booking@fiskflyg.se

Die STF Fjällstation Ritsem liegt in der Samensiedlung Ritsem und ist ein beliebter Ausgangspunkt für Unternehmungen in Sarek-, Padjelanta- und Stora Sjöfallet-Nationalpark. Die Aussicht vom Gemeinschaftsraum auf das Áhkkámassiv ist phänomenal.

♦ STF Fjällstation Ritsem, ☏ 097/34 20 30, ✉ ritsem@stfturist.se, insgesamt 40 Betten in 14 Zimmern, Winter: Anfang März-Anfang Mai, Sommer: Ende Juni-Mitte September, , Sauna, WLAN, Frühstück

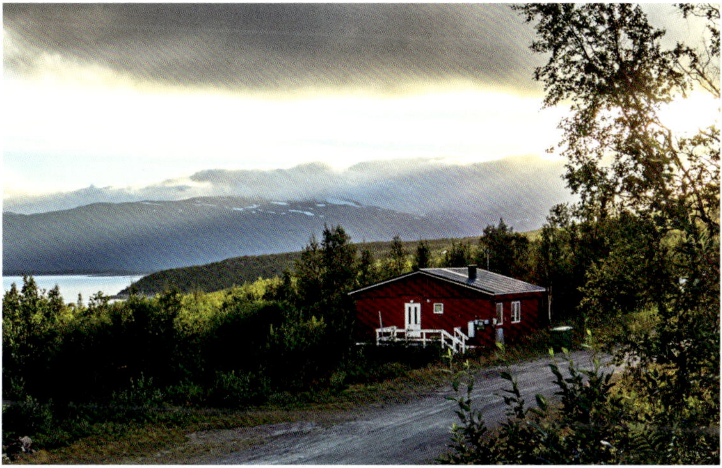

Blick von der Fjällstation Ritsem über den Áhkájávrre

Von der Fjällstation laufen Sie zur Straße hinab und biegen in diese nach links ein, um ein Stück am Seeufer des Áhkájávrre zurückzulaufen. Die Straße bringt Sie über den Fluss Ritsemjåhkå, der hier in den See mündet, und wenige Schritte weiter leitet das gelbe Hinweisschild mit STF-Emblem und der Aufschrift „M/S Storlule“ nach rechts hinab zum Bootsanleger ❶ (GPS N 67°43.099' E 017°28.294'). Das gegenüberliegende Südufer wird vom mächtigen Áhkkámassiv, der „Königin Lapplands“, mit seinen Doppelgipfeln Stortoppen (2.015 m) und Borgtoppen (1.963 m) dominiert und die in der Sonne glitzernden Gletscher heben sich deutlich vom dunklen, schroffen Fels ab.

Die Bootsüberfahrt in die Fjällwildnis erfolgt nach Fahrplan und im Sommer legt das Boot in Ritsem zwei- bis dreimal täglich (morgens/nachmittags) ab und fährt dann über den Áhkájávrre/Akkajaure nach Änonjálmme/Áhkká und weiter nach Vájsáluokta/Vaisaluokta. Die Abfahrtszeiten sind dabei auf den Bus aus Gällivare abgestimmt und pünktlich, nachdem der Bus angekommen ist, heißt es „Leinen los". Die Überfahrt kostet für Erwachsene SEK 320).

☹ Die M/S Storlule verkehrt nur von Ende Juni bis Anfang September. Anschließend wird der Bootsverkehr eingestellt, da dann die Herbststürme zu kräftig blasen. Den genauen Abfahrtsfahrplan und aktuelle Preise finden Sie unter www.svenskaturistforeningen.se/anlaggningar/stf-ritsem/battider/.

Die M/S Storlule wird selbst bei mäßigem Wind von den Wellen ordentlich durchgeschaukelt und legt nach einer Fahrtzeit von etwa 40 Min. am Anleger Änonjálmme ❷ (GPS N 67°38.817' E 017°22.168') am Südufer des Akkajaure an. Anschließend fährt sie weiter nach Vaisaluokta/Vájsáluokta (☞ Kasten Variante für den Auftakt: Von Vájsáluokta über die Kutjaurehütte zu den Låddejåkkåhütten) und wieder zurück nach Ritsem.

Vom Anleger laufen Sie hoch zu den Infotafeln neben dem weißen Dreieck, das dem Kapitän den Weg zum Anleger weist, und folgen dem Wegweiser „Kisuris 16 km/Akkastugan 2 km" auf den Pfad nach links.

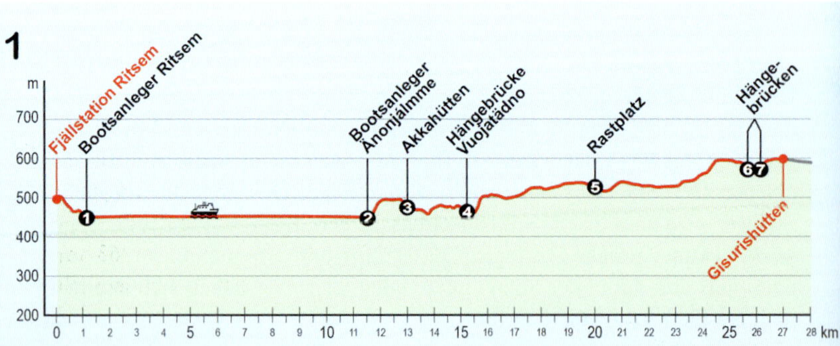

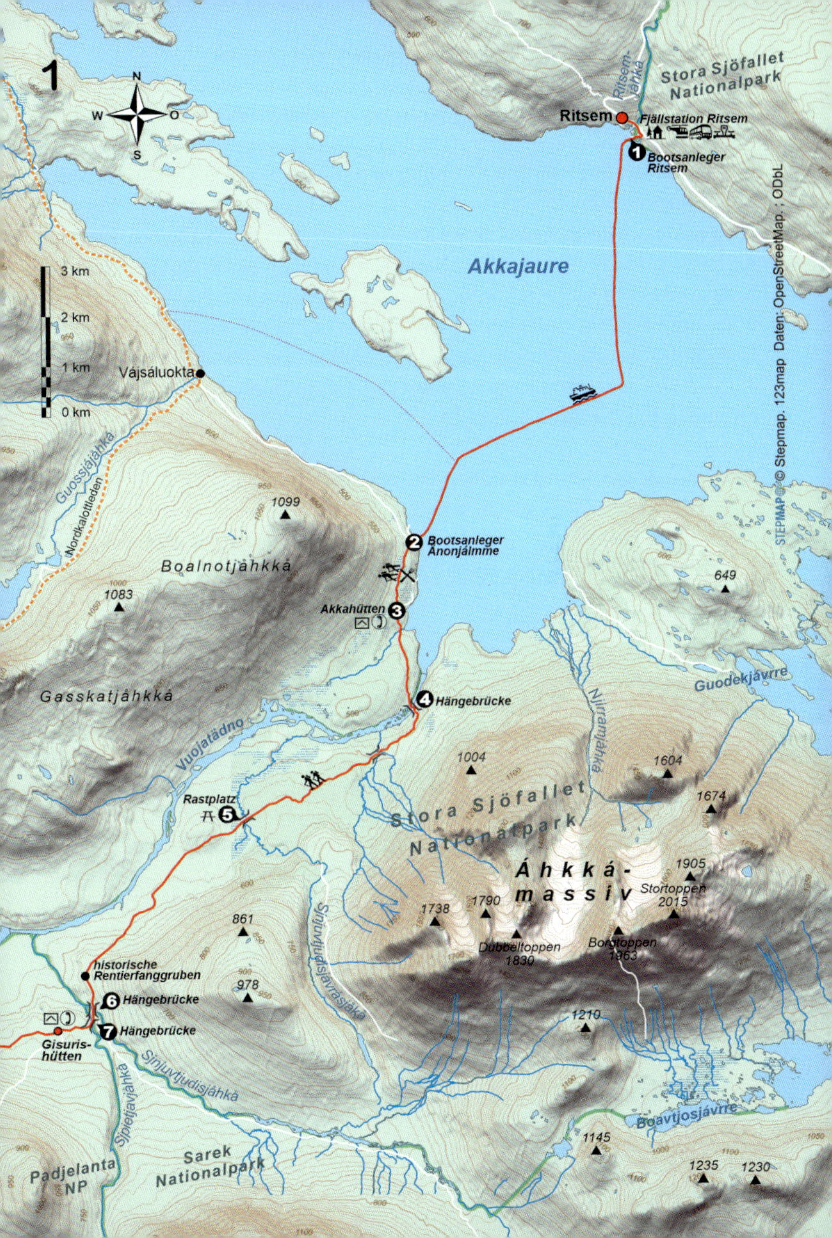

1
N
W
O
S
3 km
2 km
1 km
0 km
Stora Sjöfallet Nationalpark
Ritsem
Fjällstation Ritsem
1 Bootsanleger Ritsem
Ritsemjåhkå
Akkajaure
Vájsáluokta
Guossjájåhkå
Nordkalottleden
1099
2 Bootsanleger Ánonjálmme
Boalnotjåhkkå
1083
Akkahütten 3
649
Gasskatjåhkkå
4 Hängebrücke
Guodekjávrre
Njirramjåhkå
Vuojatädno
1004
1604
1674
Rastplatz
5
Stora Sjöfallet Nationalpark
Áhkká-massiv
1905
Stortoppen 2015
1738
1790
Dubbeltoppen 1830
Borgtoppen 1963
861
Sinjuvtjudisjávrasjåhkå
historische Rentierfanggruben
978
6 Hängebrücke
7 Hängebrücke
Gisuris-hütten
1210
Sinjuvtjudisjåhkå
Sjbietjavjåhkå
Boavtjosjávrre
1145
Sarek Nationalpark
Padjelanta NP
1235
1230
Stepmap. 123map Daten: OpenStreetMap ; ODbL
STEPMAP © Stepmap

Der Pfad verläuft leicht bergan zu einem kleinen ✕ „Café" im Samendorf. Serviert werden u. a. Kaffee und Zimtrollen und Sie können geräucherten Fisch kaufen. Die Öffnungszeiten orientieren sich dabei an den Abfahrtszeiten des Bootes Richtung Ritsem. Dahinter führt der Pfad weiter geradeaus bergan und ist sporadisch mit oranger Farbe auf Bäumen und Steinen am Wegesrand markiert. Am Abzweig des Weges in Richtung Vaisaluokta (18 km) nach rechts laufen Sie geradeaus weiter. Bohlenstege über sumpfige Moorflächen mit Wollgras und breite Pfade durch lichten Birkenwald wechseln sich ab und Sie laufen in Richtung der Gletscherzungen auf dem Áhkkámassiv und etwa 1,5 km hinter dem Bootsanleger erreichen Sie die Akkahütten ❸.

⌂ Akkahütten (Akkastugorna/Áhkkádåpe/Áhkkástugan) (STF), GPS N 67°38.045' E 017°21.604', ☽, zwei Hütten mit insgesamt 30 Betten, Winter: Anfang März-Ende April, Sommer: Ende Juni-Anfang September, ganzjährig geöffneter Sicherheitsraum mit 10 Betten, Sauna

Hinter den Akkahütten

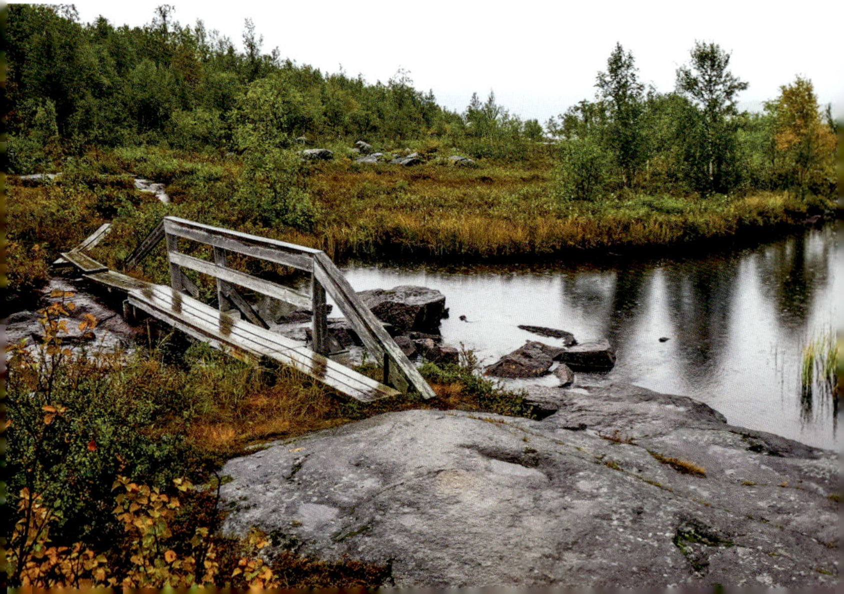

Der Wegweiser „Gisuris 13 km“ führt Sie rechts an der Haupthütte vorbei und geradeaus weiter. Nach gut 600 m überqueren Sie auf Felsen und einer Holzbrücke einen breiteren Bach und auf der gegenüberliegenden Seite weist ein großes Holzschild „Padjelantaleden/Kisurisstugan“ unmissverständlich nach links und das Rauschen des mächtigen Vuojatädno wird immer lauter.

Stora Sjöfallet Nationalpark

Der Name des Nationalparks erinnert an den einst mächtigen Wasserfall Stora Sjöfallet, dem „Seefall“, an dem die Wassermassen rund 40 m in die Tiefe stürzten. Bereits 1890 hatte der STF eine Fjällhütte am Stora Sjöfallet-Wasserfall eingerichtet. Sie war zunächst nur mit Ruderboot, ab 1914 auch mit dem Motorboot zu erreichen und noch einmal zehn Jahre später wurde der Bootsservice bis hinauf nach Ritsem ausgedehnt.

1909 wurde das Gebiet rund um die Quellseen des Flusses Stora Luleälv zusammen mit Sarek und Abisko nach Vorbild der US-amerikanischen Parks wie Yellowstone als Nationalpark unter Schutz gestellt. Allerdings begann man etwa zur selben Zeit mit der Suche nach Möglichkeiten zur Energieerzeugung, da man Strom für die nordschwedischen Erz-Minen und den Abtransport des geförderten Erzes benötigte.

Nur zehn Jahre nach Nationalpark-Gründung wurden die ursprünglichen Pläne über den Haufen geworfen und das Schwedische Parlament genehmigte den Bau eines großen Staudamms nahe der Samensiedlung Suorvvá, um das Fluss- und Seensystem als Wasserspeicher für das neue Kraftwerk Porjus aufzustauen. Der eigentliche Kernbereich des ursprünglichen Nationalparks wurde daher wieder aus dem Park ausgegliedert, die Grenzen wurden neu festgelegt und aus den vielen kleinen Seen wurde die riesige Wasserfläche des Áhkájávrre. Während die einmalige Fjälllandschaft des Nationalparks selbst dadurch nicht beeinträchtigt wurde, ist der Stora Sjöfallet heute nur noch ein Rinnsal und lediglich bei Hochwasser zur Zeit der Schneeschmelze lässt sich die einstige Größe und Wildheit des „Niagara des Norden“ erahnen.

1996 wurde der Stora Sjöfallet-Nationalpark zusammen mit Muddus- und Padjelanta-Nationalpark sowie den Naturreservaten Sjávnja und Stubbá Teil des Laponia Welterbes und firmiert seitdem unter dem Namen Stora Sjöfallet/Stuor Muorkke, um an die alte samische Ortsbezeichnung zu erinnern.

Gut 2 km hinter den Akkahütten bringt Sie zunächst eine Holz- und dann eine imposante Hängebrücke ❹ (GPS N 67°37.058' E 017°21.919') über die tosenden und schäumenden Stromschnellen des Vuojatädno. Am gegenüberliegenden Ufer folgen Sie dem Wegweiser „Gisuris 13 km" nach rechts flussaufwärts. Der Pfad klettert leicht bergan und mit jedem Höhenmeter verstummt das Rauschen der Wassermassen. Mit der Hängebrücke über den Vuojatädno ist der Stora Sjöfallet Nationalpark erreicht, durch dessen südwestlichen Zipfel die Auftaktetappe des Padjelantaledens führt.

Beim Blick gen Norden schlängelt sich das blaue Band des Vuojatädnos zu Ihren Füßen in der Tiefe. Von den abgerundeten Bergrücken dahinter schweift der Blick über den Gipfel des Gasskatjåhkkå und weiter über die riesige Wasserfläche des Ahkajávrre und die Berge dahinter. Ganz rechts wird das Panorama dann von den beeindruckenden, vergletscherten Flanken des Áhkkámassiv begrenzt.

Der Wanderpfad führt nun ohne Schwierigkeiten und mit moderatem Anstieg in einigem Abstand parallel zum Fluss in südwestliche Richtung und eine Holzbrücke bringt Sie trockenen Fußes über einen Seitenbach. Anschließend geht es auf einem Bohlensteg weiter und nach 3 km führt Sie ein weiterer Bohlensteg durch eine nasse Senke zur Brücke über den schmalen Fluss Sjnjuvtjudisjávrásjåkå. Rechter Hand liegt ein schöner ⩩ Rastplatz mit Tischen und Bänken ❺ (GPS N67°35.823' E 017°17.277').

Der Weg führt hinter der Brücke nach links auf einem Bohlensteg. Anschließend laufen Sie über eine felsige Kuppe mit Birkenwald und Bohlenstege bringen Sie durch eine vernässte Senke. Schließlich geht es über eine weite Ebene mit vereinzelten Birken, an deren Ende der Bohlensteg in einem Linksbogen über das Moor führt. Gesäumt von Birken erklimmt der Pfad eine kleine Kuppe mit guter Sicht zurück auf den Weg, den Sie gekommen sind. Am Horizont wächst das markante Gisurismassiv (1.664 m) in die Höhe und Sie folgen einem breiten, einfach zu laufenden Pfad weiter in südwestliche Richtung.

Zum Etappenende macht ein Hinweisschild am Wegesrand auf die historischen Rentierfanggruben aufmerksam, die rechts und links vom Weg zu finden sind. Rechter Hand dehnt sich die Wasserfläche des Guvtjárre/Kutjaure aus und bald ist wieder kräftiges Wasserrauschen zu vernehmen.

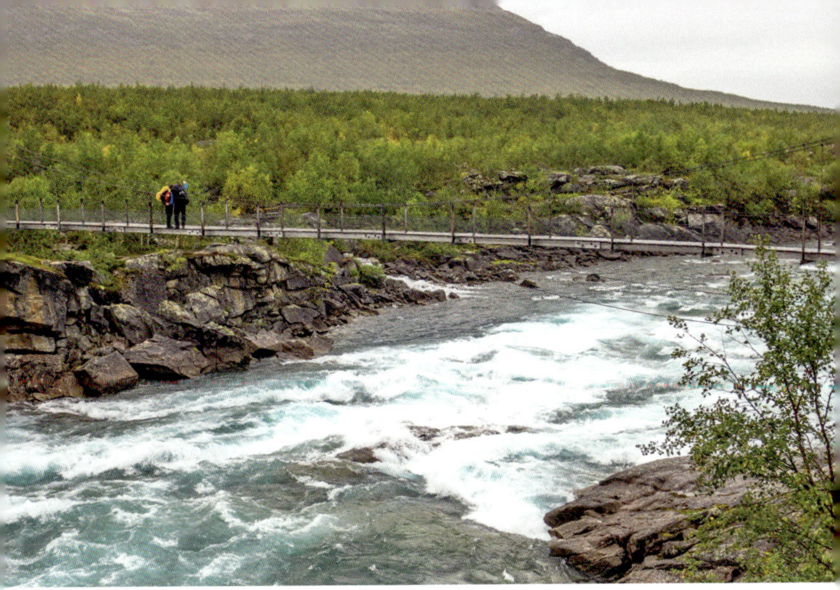

Hängebrücke über den Sjnjuvtjudisjåhkå

Knapp 1 km hinter den Rentierfanggruben erreichen Sie die Hängebrücke über den Sjnjuvtjudisjåhkå ❻ (GPS N 67°33.805' E 017°13.001') und laufen nach dem Überqueren links weiter zu den Infotafeln des Padjelanta-Nationalparks und geradeaus weiter zur nächsten Hängebrücke über den Sjpietjavjåhkå ❼ (GPS N 67°33.701' E 017°12.972'). Hier treffen die drei Nationalparks Stora Sjöfallet, Sarek und Padjelanta aufeinander. Zusammen bilden sie das größte zusammenhängende Nationalparkgebiet in Europa. Ein kurzer Anstieg bringt Sie aus dem Flusstal hinauf und oben läutet der Wegweiser „Gisuris 700 m“ das Etappenfinale ein.

Gisurishütten (Kisurisstugan/Gisuris/Gisoris) (BLT), GPS N67°33.567' E 017°11.953', insgesamt 34 Betten in einer großen Hütte mit fünf Vierbettzimmern, einem Zweibettzimmer und großem Gemeinschaftsraum mit Küche sowie zwei Sechs-Bett-Hütten, Ende Juni-Anfang September, eine der kleinen Hütten ist ganzjährig geöffnet. Je nach Saison und Hüttenwart können Sie Kleinigkeiten wie Dosenwürste, Nudeln oder Schokolade kaufen und mit etwas Glück kommen Sie auch in den Genuss von frischem Fladenbrot, Rentier-Kebab oder -Burger.

2. Etappe: Gisurishütten – Låddejåkkåhütten

23 km, 7 Std., ↑ 560 m, ↓ 660 m, ⇧ 530-760 m

0,0 km	⇧ 595 m	Gisurishütten (BLT)
4,0 km	⇧ 530 m	Abzweig Samensiedlung Guvtjávrre (je nach Jahreszeit evtl.)
11,7 km	⇧ 550 m	Hängebrücke Vuojatädno (Nordkalottleden)
21,5 km	⇧ 720 m	Kreuzung Gamla Leden
23,0 km	⇧ 580 m	Låddejåkkåhütten (BLT)

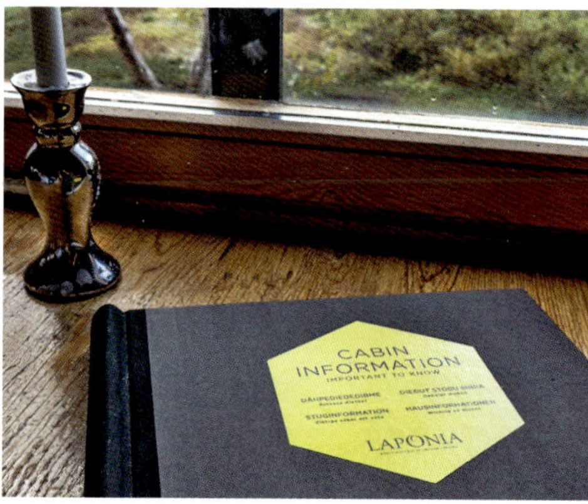

In einer der Gisurishütten

Lange, aber einfach zu laufende Etappe, die auf den ersten 15 km ohne größere Anstiege dem Flusstal des Vuojatädno folgt. Erst im letzten Drittel ist der Anstieg auf die Nordwestflanke des Loadásj zu bewältigen, um den herum es zu den malerisch über den Mäanderbögen des Flusses gelegenen Låddejåkkåhütten geht.

Der Padjelantaleden setzt sich in direkter Verlängerung der Ankunft am Vortag fort. Treten Sie aus der Haupthütte und blicken in Richtung der Hüttenwart-Unterkunft, zeigt der Wegweiser „Låddejåkkå 24 km/Sáluhávre 13 km" nach links und bringt Sie hinunter zu einem kleinen Bach. In der Karte ist die Entfernung mit 23 km angegeben und auch die eigene GPS-Messung bestätigt diesen Wert. Nachdem Sie den Bach überquert haben, führt der Pfad in westliche Richtung über eine weite Ebene und zur Rechten schimmert die große Wasserfläche des Guvtjávrre/Kutjaure.

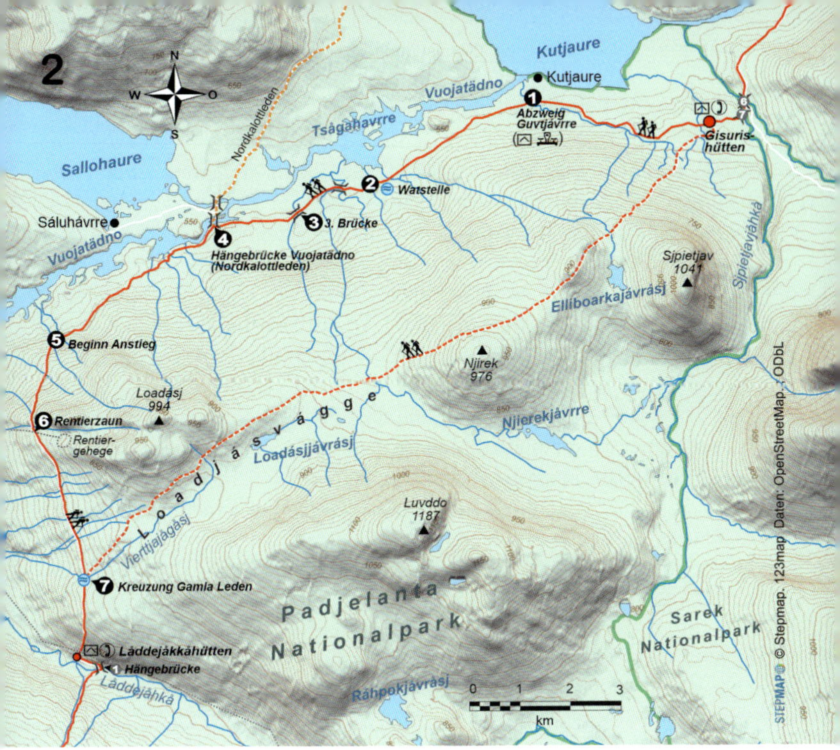
2
N
W
O
S
Kutjaure
Kutjaure
Vuojatädno
Tsågahavrre
Sallohaure
Nordkalottleden
1 Abzweig Guvtjávrre
Gisuris-hütten
2 Watstelle
3 3. Brücke
Sáluhávrre
Vuojatädno
4 Hängebrücke Vuojatädno (Nordkalottleden)
Sjpietjav 1041
Ellíboarkajávrásj
Sjpietjavjåhkå
5 Beginn Anstieg
Njirek 976
Loadásj 994
6 Rentierzaun
Rentier-gehege
Loadjásvágge
Njierekjávrre
Loadásjjávrásj
Luvddo 1187
Viertjajågåsj
7 Kreuzung Gamla Leden
Padjelanta Nationalpark
Sarek Nationalpark
Låddejåkkåhütten
1 Hängebrücke
Låddejåhkå
Ráhpokjávrásj
0 1 2 3
km
STEPMAP © Stepmap. 123map Daten: OpenStreetMap, ODbL

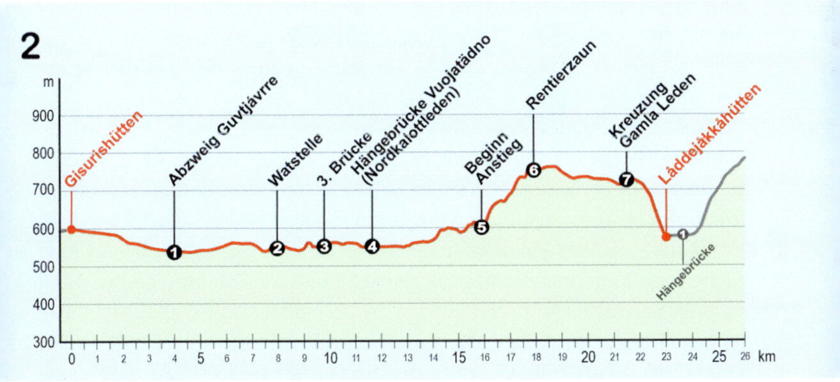
2
m
900
800
700
600
500
400
300
Gisurishütten
Abzweig Guvtjávrre
Watstelle
3. Brücke
Hängebrücke Vuojatädno (Nordkalottleden)
Beginn Anstieg
Rentierzaun
Kreuzung Gamla Leden
Låddejåkkåhütten
Hängebrücke
0 1 2 3 4 5 6 7 8 9 10 11 12 13 14 15 16 17 18 19 20 21 22 23 24 25 26 km

↳ Gamla Leden über die Loadjásvágge-Hochebene

Mit etwa 16 km deutlich kürzer, aufgrund der zahlreichen zu bewältigenden Höhenmeter aber nicht unbedingt einfacher, ist der ältere, direkte Weg (Gamla Leden) zwischen den Gisuris- und den Låddejåkkåhütten. Der unmarkierte Trampelpfad durch das Loadjásvágge führt von den Gisurishütten mit knackigem Anstieg in südwestliche Richtung erst auf einen Nebengipfel und dann den Gipfel des Njierek (976 m) und weiter über das Kahlfjäll in Richtung Südwesten am Ufer des Sees Loadásjjávrásj vorbei. Etwa 1,5 km vor den Låddejåkkåhütten trifft der Pfad dann wieder auf den eigentlichen Padjelantaleden. Der Weg auf fast 1.000 m Höhe ist insgesamt sehr exponiert und windanfällig und daher nur erfahrenen Wanderern bei gutem Wetter zu empfehlen. Zeltmöglichkeiten gibt es kaum, dafür eine karge Landschaft und tolle Weitblicke.

Knapp 3 km nach dem Start ist der erste Bohlensteg erreicht und voraus tauchen die Hütten der Samensiedlung am Seeufer auf. Der Weg führt parallel dazu weiter und nach gut 1 km erreichen Sie eine Infotafel und den ca. 400 m langen Abzweig zur Samensiedlung Guvtjávrre ❶ (GPS N 67°33.825' E 017°07.124'). Je nach Jahreszeit bekommen Sie dort Unterkunft und können Fisch und Brot kaufen.

Für die Fortsetzung des Padjelantaledens halten Sie sich links und wandern über Bohlenstege und eine Holzbrücke. Der Weg folgt dem Verlauf des Vuojatädno in einem beständigen, aber nicht übermäßig starken Auf und Ab nach Westen und entgegenkommende Wanderer sind zwar schon lange im Voraus zu sehen, verschwinden auf ihrem Weg aber vorübergehend immer mal wieder in einer Bodensenke.

Etwa 4 km hinter dem Abzweig zur Samensiedlung gilt es, einen schmalen, flachen Seitenbach ohne Brücke zu durchwaten ❷, dann folgen zwei Holzbrücken in kurzem Abstand und Sie laufen auf einem Höhenrücken zwischen zwei Flussläufen weiter. Hinter der dritten Brücke ❸ geht es über einen weiteren Höhenrücken im Kahlfjäll und bald tauchen am Horizont die Masten der mächtigen Hängebrücke über den Vuojatädno auf.

Die Brücke ist knapp 12 km nach dem Start erreicht ❹ (GPS N 67°32.462' E 016°58.052') und markiert etwa auf der Hälfte der Etappe einen guten Punkt für eine ausgedehnte Mittagspause. Aus Nordosten von der Kutjaurehütte kommend trifft hier der Nordkalottleden auf den Padjelantaleden und der Verlauf der beiden Fernwanderwege ist für den folgenden Abschnitt bis Stáloluokta identisch.

Weiter geht es am Ufer des Vuojatädno entlang Richtung Südwest. Das Auge schweift über ein breites Panorama mit einem Mosaik aus grauen Kiesfeldern entlang der Seeufer, grünen Inseln im Wasser und den Häusern der Samensiedlung Sáluhávrre am gegenüberliegenden Ufer. Gestört wird die Idylle nur, wenn gerade ein Hubschrauber vorbeiknattert.

Nachdem Sie gegenüber die letzten Hütten zurückgelassen haben, schwenkt der Pfad nach links in Richtung Süden ❺ und es geht beständig bergan. Der Pfad führt auf die Nordwestflanke des Loadásj und voraus öffnet sich die Wasserfläche des langgestreckten Vásstenjávre/ Vastenjaure. Dahinter erheben sich auf norwegischer Seite schneebedeckte Gipfel.

Rentierhaltung

Rentiere sind perfekt an die widrigen Lebensbedingungen oberhalb des Polarkreises angepasst. Der dichte Pelz hält selbst bei eisigen Temperaturen warm und mit den großen Hufen sinken die Tiere im Winter beim Laufen nicht zu tief im Schnee ein und können darunter nach Futter scharren.

Die nomadische Rentierwirtschaft, bei der die Hirten den Rentieren auf den Wanderungen zu den Weidegebieten folgten, bildete die klassische Lebensgrundlage der Sámi. Heute gibt es noch etwa 230.000 Rentiere in Schweden, es arbeiten aber weniger als 10 % der schwedischen Sámi als Rentierzüchter.

Selbstverständlich hat man den Lebensstil an das 21. Jahrhundert angepasst und nutzt moderne Technik wie Quad, Schneemobil oder Helikopter. Trotzdem wird die nomadische Rentierwirtschaft bis heute vom Rhythmus der Jahreszeiten bestimmt und die saisonalen Wanderungen führen die Tiere von den geschützten Winterweidegründen in den Wäldern auf die Fjällhochebenen im Sommer.

Im Juli werden die Herden zusammengetrieben und die Kälber markiert, denn jedes Tier bekommt spezielle Einschnitte am Ohr, um zu zeigen, welcher Samenfamilie es gehört. Kurz vor der Brunft werden die Herden zur Bullenschlachtung zusammengetrieben.

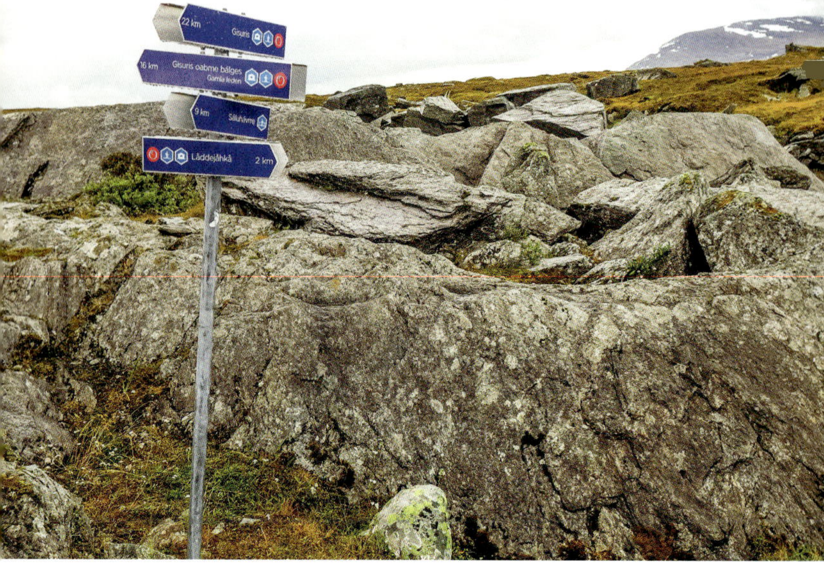

Landschaft oberhalb der Låddejåkkåhütten

Der Pfad klettert bis auf etwa 760 m und oben muss ein flacher Bach gequert werden. Direkt dahinter passieren Sie ein Gatter im Rentierzaun ❻, nur 200 m weiter folgt das nächste Gatter und dann liegt Ihnen das Mündungsdelta des Låddejåhkå in den Vásstenjávrre zu Füßen. Gut 3 km weiter trifft von links kommend der alte Weg (☞ Variante S. 56) von den Gisurishütten wieder auf den Padjelantaleden ❼ (GPS N67°28.738' E 016°54.359') und es gilt, trockenen Fußes über die Furt am recht breiten, aber flachen Vierttjajågåsj zu kommen.

Der Weg steigt nun den Hang nach Süden ins Flusstal ab und vor der Kulisse dunkler Berggipfel schwingt sich der Låddejåkkå in munteren Bögen durch die Landschaft.

Die Birkenwälder entlang der Ufer sind Heimat für eine vielfältige Vogelwelt wie Blaumeise, Wasseramsel, Bergfink oder Regenpfeifer. Bald sind auch die Hütten zu sehen und auf dem letzten Kilometer geht es gut 100 Höhenmeter hinab zum Etappenziel, das idyllisch auf einem Schwemmkegel liegt, den die Gletscher auf dem Rückzug am Ende der letzten Eiszeit zurückgelassen haben.

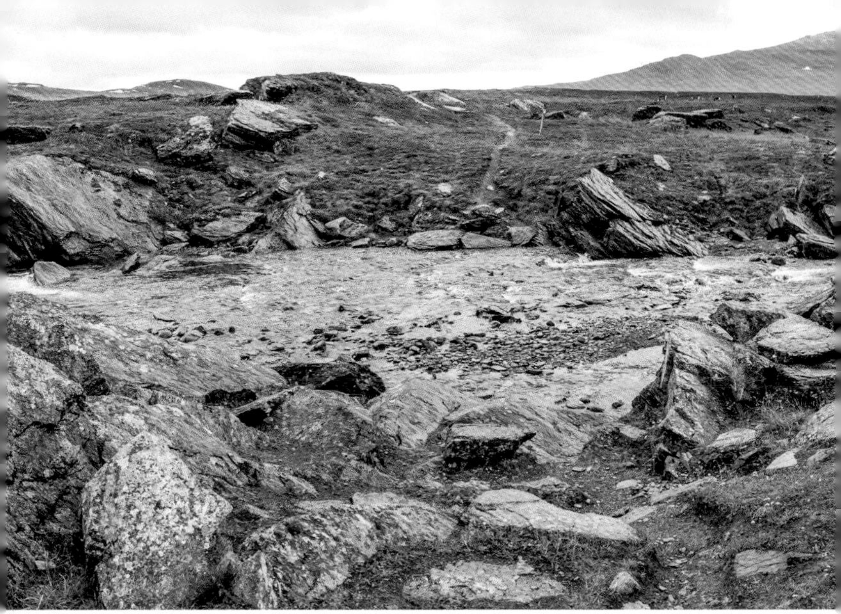

Das Panorama über den Fluss und über die mächtigen Gipfel Mulkka (1.264 m) und Máhttoavve (1.467 m) ist einfach fantastisch.

⌂ Låddejåkkåhütten (Låddejåkkåstugan/Låddejåhkå/Loddejohka) (BLT), GPS N 67°27.846' E 016°54.102', ✆, insgesamt 34 Betten in einer großen Hütte mit fünf Vierbettzimmern, einem Zweibettzimmer und großem Gemeinschaftsraum mit Küche sowie zwei Sechs-Bett-Hütten, ▯ Ende Juni-Anfang September, eine der kleinen Hütten ist ganzjährig geöffnet. Je nach Saison und Hüttenwart können Sie Kleinigkeiten wie geräuchertem Fisch, Dosenwürste, Nudeln oder Schokolade kaufen.

Variante für den Auftakt: Von Vájsáluokta über die Kutjaurehütte zu den Låddejåkkåhütten

Als alternative Route für den Weg zu den Låddejåkkåhütten können Sie mit dem Boot aus Ritsem auch bis zur Samensiedlung und ⌂ Vaisaluoktahütte (Vaisaluoktastugan) fahren und in zwei Tagesetappen auf dem Nordkalottleden über die ⌂ Kutjaurehütte (Kutjaurestugan) zu den ⌂ Låddejåkkåhütten gelangen.

3. Etappe: Låddejåkkåhütten – Árasluoktahütten

➲ 13,5 km, ⌛ 4 Std., ↑ 500 m, ↓ 525 m, ⇧ 560-895 m

0,0 km	⇧ 580 m	Låddejåkkåhütten (BLT) ✉ ✆
5,2 km	⇧ 895 m	Flussquerung/Sattel
9,3 km	⇧ 600 m	Hängebrücke
13,5 km	⇧ 575 m	Árasluoktahütten (BLT) ✉ ✆

Gleich zu Beginn der Etappe wartet ein Anstieg, der es in sich hat. Sie steigen etwa 300 Höhenmeter aus dem Flusstal auf und laufen dann über das Kahlfjäll. Vom höchsten Punkt des Tages auf knapp 900 m geht es auf der anderen Seite vom Pårka-Sattel zwischen den Gipfeln von Mulkka (1.264 m, rechts) und Huornnásj (1.212 m, links) hinab zur Hängebrücke, über die schäumenden Stromschnellen des aus dem Sarek kommenden Mielládno und weiter zur Sámi-Siedlung und den Árasluoktahütten am Seeufer des Virihávrre/Virihaure.

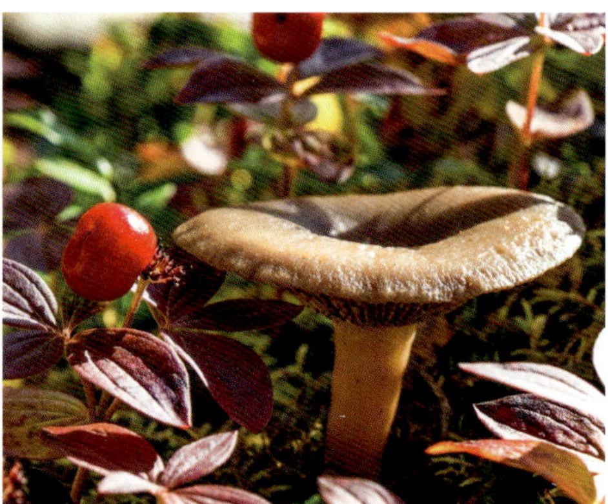

Pilz am Wegesrand

Sie starten von der großen Hütte in Richtung Hüttenwart-Unterkunft („stugvärd"), laufen etwa 600 m am Rentierzaun entlang und biegen dann nach rechts auf die Hängebrücke über den Låddejåkkå ab ❶.

Beobachtet von ein paar Rentieren klettern Sie an einem Seitenbach aus dem Flusstal herauf und gewinnen schnell an Höhe. Mit jedem Schritt wird das Flussdelta kleiner und die Hüttengebäude schrumpfen bald auf Spielzeuggröße.

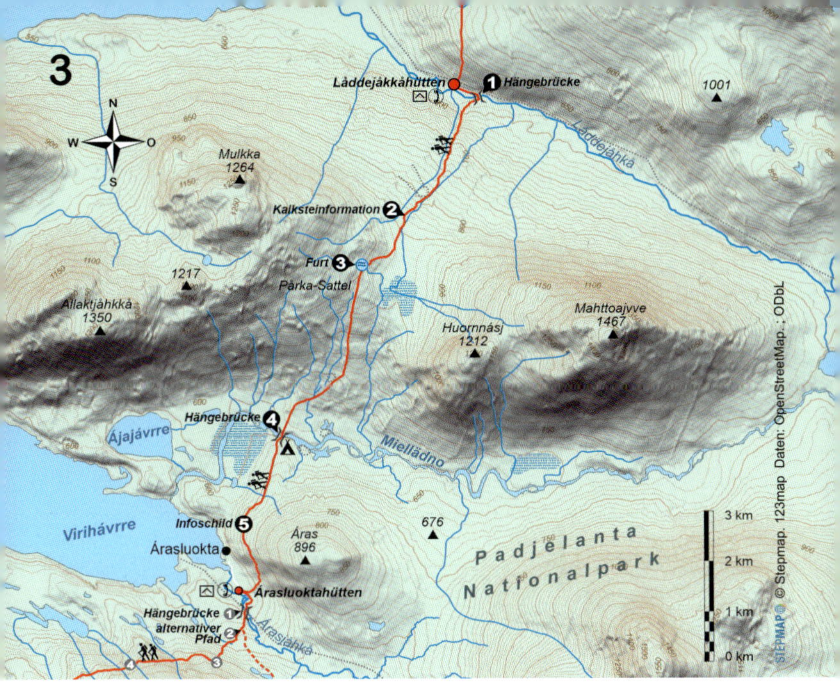

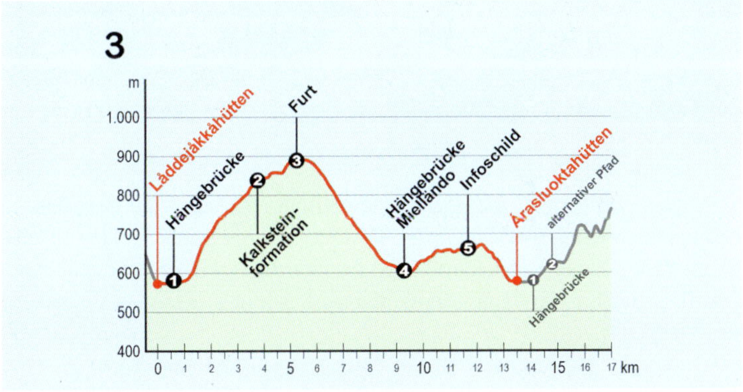

Der Pfad führt kontinuierlich bergan und rund 4,5 km nach dem Start zieht auf etwa 840 m Höhe eine markante, von den Elementen geformte und etwa 2 m hohe Kalksteinformation am rechten Wegesrand den Blick auf sich ❷.

Schaut man aus dem richtigen Winkel, meint man fast einen menschlichen Kopf zu erkennen. Der Weg schwenkt leicht nach rechts und führt durch baumloses, karges Hochfjäll, das von schroffen Felsblöcken durchwachsen ist.

Knapp 1,5 km weiter erreichen Sie den höchsten Punkt der Etappe und der Wegweiser „Árasluokta 8 km“ (GPS N 67°25.914’ E 016°51.544’) führt Sie nach links auf die Furt über einen namenlosen, nicht allzu großen Gebirgsbach ❸.

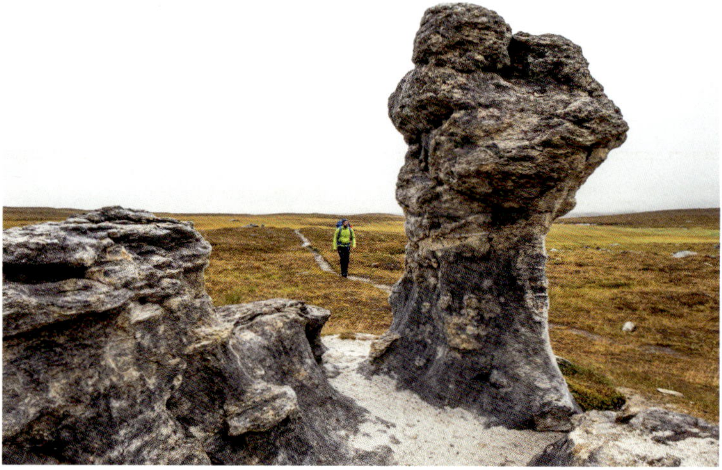

Markante Steinformation am Wegesrand

Vom Sattel steigen Sie nun in südwestliche Richtung ab. Ringsherum erheben sich mächtige Berggipfel, im Osten ist der Sarek nicht weit. Vor Ihnen strömt in weiten Schleifen der aus dem Sarek kommende Mielládno von links nach rechts am Áras-Gipfel vorbei in die riesige Wasserfläche des Virihávrre.

Durch eine Heidelandschaft mit Zwerg-Birken-Sträuchern erreichen Sie schließlich die imposante Hängebrücke ❹ (GPS N 67°24.093’ E 016°49.256’) über den tosenden Wassermassen des Mielládno. Das Donnern ist gewaltig! Am gegenüberliegenden Ufer finden sich ebene Grasflächen, die gut zum ⛺ Zeltaufschlagen geeignet sind.

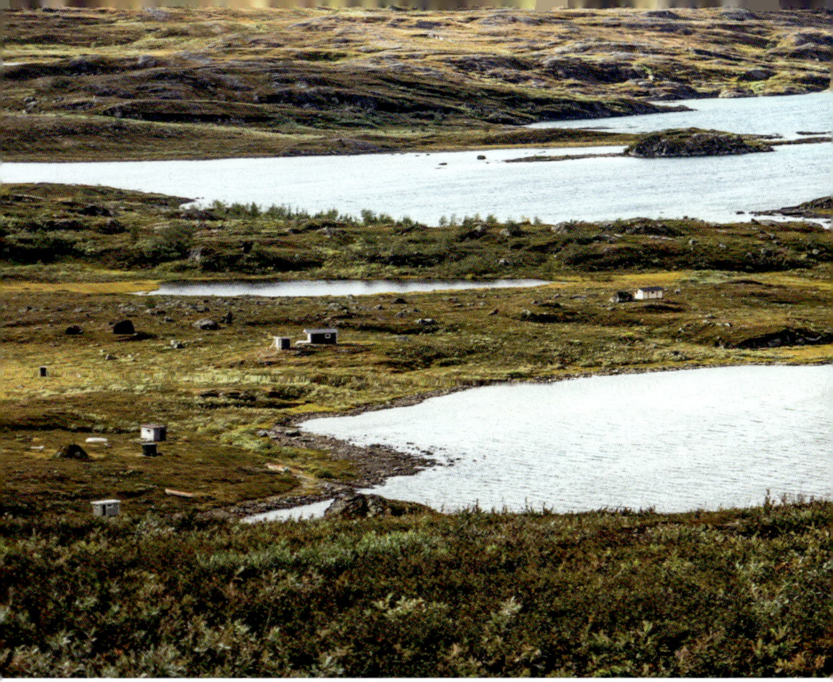

Árasluokta

Der Pfad schwingt in südwestlicher Richtung zum Seeufer und etwa 2 km hinter der Hängebrücke stehen Sie vor einer Infotafel zur Sámi-Siedlung Árasluokta ❺. Unten am Seeufer tupfen die Hütten der Sámi blaue, graue und rote Farbkleckse in die Landschaft. Am Hang dahinter stürzt sich der Árasjåhkå den Berg hinunter und Sie laufen am Westhang des Áras hinab zur Flussmündung in den See.

⌂ Árasluoktahütten (Arasluoktastugorna/Árasluokta) (BLT), GPS N 67°22.439' E 016°48.026', ✆, insgesamt 32 Betten in zwei Vier-Bett-Hütten und vier Sechs-Bett-Hütten, Ende Juni-Anfang September, eine der Hütten ist ganzjährig geöffnet. Die Árasluoktahütten werden seit Jahrzehnten von Familie Länta betreut und Svea und Rickard versorgen ihre Gäste mit frisch gebackenen Keksen, geräuchertem Fisch, getrocknetem Rentierfleisch und Kleinigkeiten wie Schokolade, Würstchen oder Nudeln. Bei Bedarf ist auch ein Bootstransport über den Virihávrre möglich.

4. Etappe: Árasluoktahütten – Stáloluoktahütten

12 km, 4 Std., 410 m, 395 m, 575-770 m

0,0 km	575 m	Árasluoktahütten (BLT)
12,0 km	595 m	Stáloluoktahütten (BLT) Sauna

Eine kurze und recht einfach zu laufende Etappe, die mit wunderschönen Ausblicken auf den Virihávrre/Virihaure und die norwegischen Berge um das Bergmassiv Stuor Dijdder herum in die Sámi-Siedlung Stáloluokta am Südufer des Sees führt. Die gleichnamige Berghütte ist die größte Anlage am Padjelantaleden und lockt mit einer Sauna.

Der Padjelantaleden führt von den Árasluoktahütten in einem Bogen zur Hängebrücke über den Árasjåhkå ❶. Am gegenüberliegenden Ufer geht es auf dem Bohlensteg schräg nach links weiter durch einen schmalen Birkenwaldgürtel. Der Pfad klettert aus dem Flusstal und sofort ist die Landschaft wieder baumlos. Die von langgezogenen Felsrücken durchsetzte Heidelandschaft erinnert an eine Schärenküste – mit Zwerg-Birken-Sträuchern statt Meer dazwischen.

Etwa 700 m hinter der Hängebrücke zweigt ein alternativer Pfad Richtung Stáloluokta nach links ab ❷, der den Stuor Dijdder im Osten umrundet. Der Padjelantaleden dagegen ist mit einer Steinpyramide gekennzeichnet und führt halb rechts weiter.

Unten erstreckt sich die endlose Wasserfläche des Virihávrre und der Pfad führt im Zickzack auf den Nordhang des Stuor Dijdder, der vor Ihnen immer steiler emporzuragen scheint.

Auf etwa 690 Höhenmetern schwenkt der Pfad nach Westen ❸ und knapp 1 km weiter muss ein flacher Bergbach unterhalb eines Wasserfalls überquert werden. Sie gewinnen noch immer leicht an Höhe und können tolle Ausblicke über den Virihávrre und die norwegischen Berggipfel dahinter genießen. Kurz vor der höchsten Stelle gilt es, erneut einen kleineren Gebirgsbach zu überwinden, dieses Mal oberhalb eines Wasserfalls.

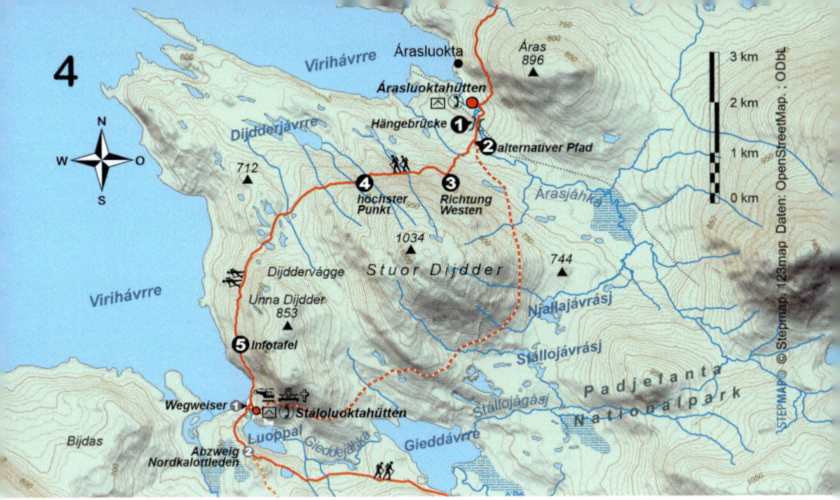

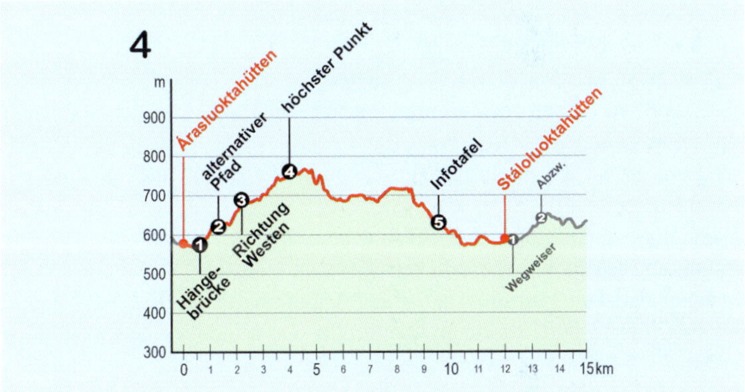

Nachdem Sie den höchsten Punkt erreicht haben ❹, führt der Pfad auf etwa 700 Höhenmetern über eine Hochebene und erreicht einen ersten größeren Bergsee. Oberhalb des zweiten Sees schwenkt der Weg nach links und führt dann hoch über dem Virihávrre weiter und mit jedem Schritt wird das Panorama etwas breiter.

Etwa 10 km nach dem Start erreichen Sie eine Laponia-Infotafel ❺ und voraus ist schon die Sámi-Siedlung zu sehen. Durch ein Birkenwäldchen geht es hinab zum Kieselstrand und dort auf dem Bohlensteg am Seeufer entlang nach links weiter.

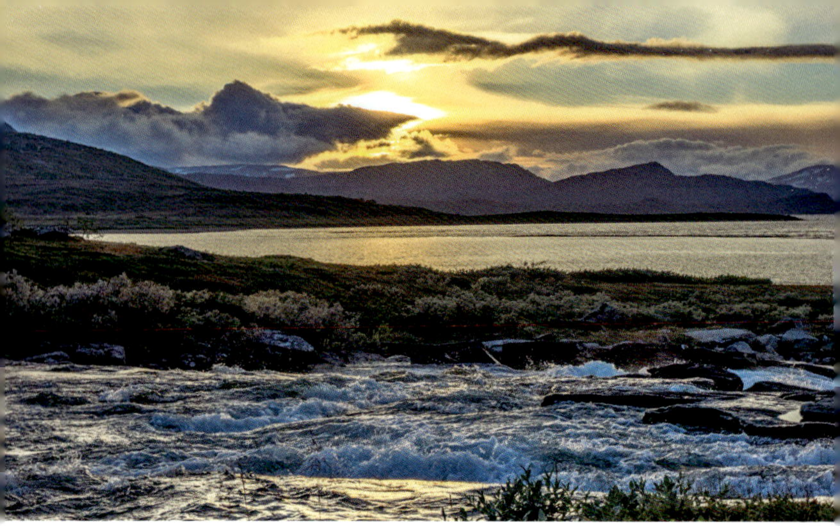

Mündung des Gieddejahka in die Stáloluokta-Bucht

Vorbei an Parfas Kiosk gelangen Sie zum Hubschrauber-Landeplatz, von wo es nur noch wenige Schritte nach links bis zur Übernachtungshütte sind.

„Luokta" ist die samische Bezeichnung für Bucht und „Stallo" ein furchterregender Riese der samischen Mythologie. Entgegen der Ortsbezeichnung ist Stáloluokta aber ein ganz bezaubernder Flecken im Fjäll. Die Stáloluokta-Bucht im südöstlichen Teil des Bergsees Virihávvre ist im Frühjahr und von Juni bis August das Sommerlager der Tuorpon-Samen, die mit über 5.000 Rentieren die größte Gemeinde in der Kommune Jokkmokk bilden. 1942 wurde die erste Übernachtungshütte für Touristen gebaut, heute zählt die Anlage zu den beliebtesten Zielen im Padjelanta-Nationalpark und während der Sommermonate gibt es sogar einen fahrplanmäßigen Helikopterverkehr nach Ritsem und Kvikkjokk.

Stáloluoktahütten (Staloluoktastugorna/Stáloluokta/Stáluluokta) (BLT), GPS N 67°19.074' E 016°41.875'', die größte Hüttenanlage am Padjelantaleden mit insgesamt 42 Betten in einer großen Hütte mit sechs Vierbettzimmern, einem Zweibettzimmer, zwei VIP-Räumen mit jeweils zwei Betten und eigener Küche sowie eine Hütte mit zwei Sechs-Bett-Räumen, von denen einer das ganze Jahr über offen ist, Ende Juni-Anfang September, Sauna

Parfas Kiosk, ☏ 073/812 16 49, www.facebook.com/parfaskiosk/. Katarina Parfa Koskinen und Ronny Koskinen betreiben einen gut sortierten Krämerladen, der von ihren Großeltern vor rund 70 Jahren eröffnet wurde, und wissen, was Wanderer brauchen. Das reichhaltige Sortiment reicht von Nudeln und Reis über Dosenkonserven bis hin zu Trekkingtrockennahrung und Keksen, Süßigkeiten sowie Getränken und selbstverständlich sind auch samische Spezialitäten wie getrocknetes Rentierfleisch, Fladenbrot oder geräucherter Fisch im Angebot. Wer gegen Saisonende unterwegs ist, sollte vor der Wanderung trotzdem kurz Kontakt aufnehmen, um sicherzustellen, dass das Gewünschte noch vorrätig ist.

✝ Kirchen-Kote (Kyrkkåta), die 1971 geweihte Kirche unweit der Fjällstuga, ist nach dem Vorbild einer traditionellen samischen Kote errichtet und auf den ersten Blick macht nur der hölzerne Glockenturm nebenan darauf aufmerksam, dass es sich bei dieser Lehmkote um eine Kapelle mitten in der Wildnis handelt.

Parfas Kiosk in Stáloluokta

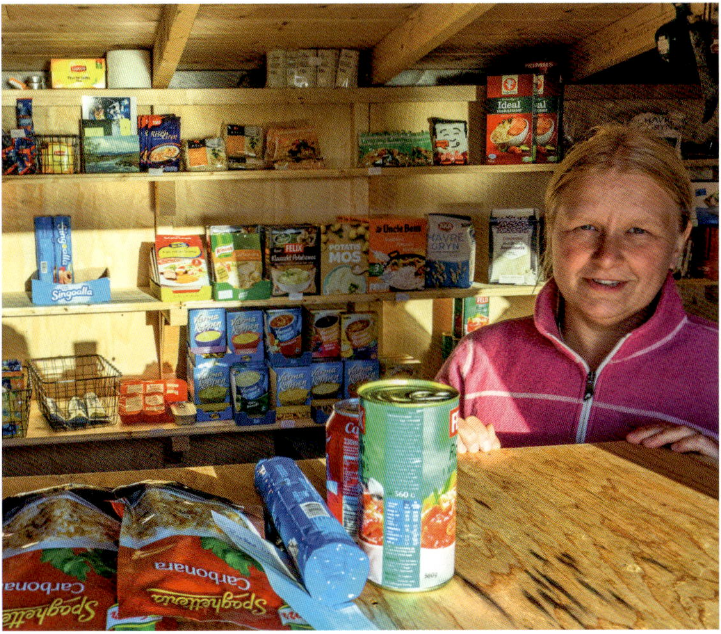

5. Etappe: Stáloluoktahütten – Duottarhütten

18,3 km, 6 Std. 30 Min., ↑ 660 m, ↓ 350 m, ⇧ 595-895 m

0,0 km	⇧ 595 m	Stáloluoktahütten (BLT) Sauna
1,3 km	⇧ 630 m	Weggabelung Padjelantaleden/Nordkalottleden
8,1 km	⇧ 700 m	Hängebrücke über den Bållávrjåhkå
18,3 km	⇧ 895 m	Duottarhütten (BLT)

Diese Etappe ist ein beständiger, aber durchgehend moderater Anstieg vom Ufer des Virihávrre zu den auf 900 m gelegenen Duottarhütten. Der Pfad führt zunächst durch Weidenbüsche am Südufer des Gieddávrre-Sees entlang bis zur Hängebrücke über den Stromschnellen des Bållávrjåhkå. Danach wird es karg und Sie laufen in östliche Richtung über das Kahlfjäll. Kurz vor dem Ziel müssen dann noch zwei Flüsse ohne Brücke überquert werden, dann sind die Hütten erreicht.

Alpine Landschaft zwischen Stáloluokta und Duottar

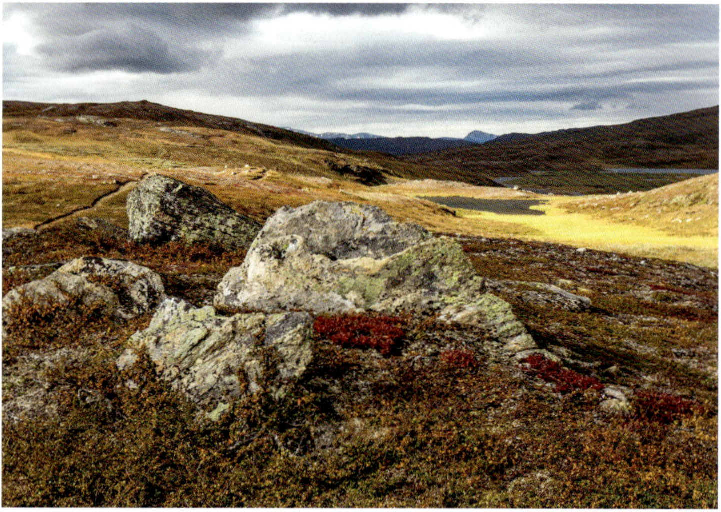

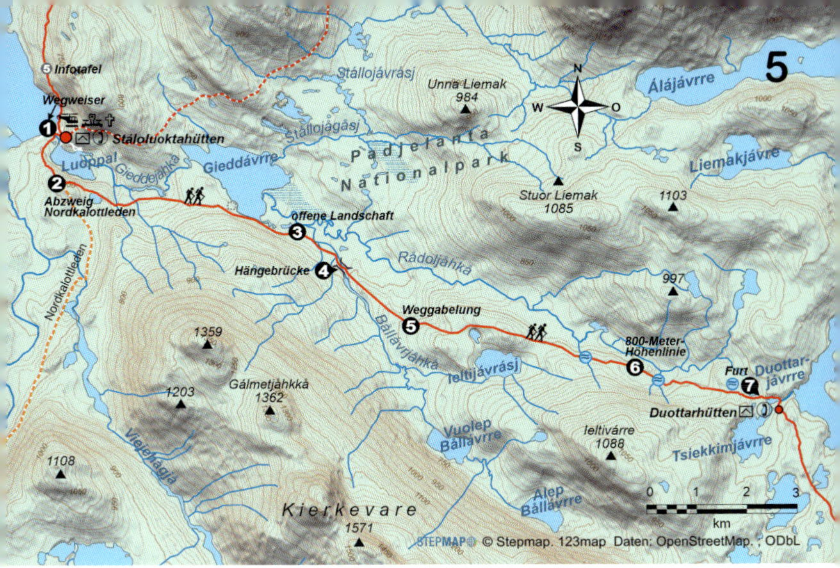

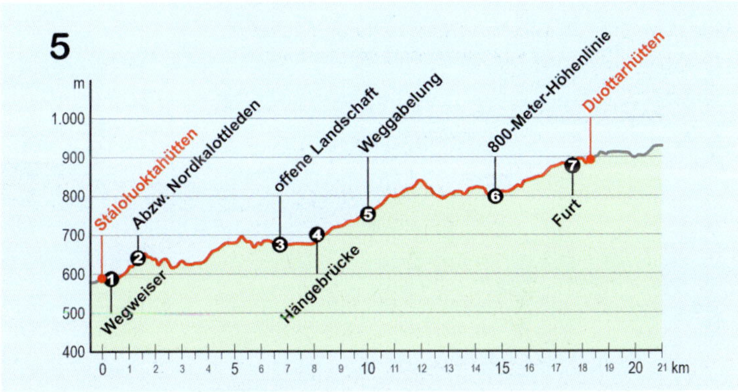

Von der großen Stáloluoktahütte laufen Sie hinab zur Hängebrücke und über die Mündung des Gieddejåhkå in die Stáloluokta-Bucht. Am gegenüberliegenden Ufer halten Sie sich halb links (geradeaus am Seeufer sind etwa 500 m weiter die Flächen für Zelter zu finden) und folgen dem Wegweiser „Duottar 19 km“ ❶.

Der Weg führt durch ein Birkenwäldchen auf eine baumfreie Kuppe und der Blick zurück eröffnet ein schönes Panorama über die bunt gestrichenen Holzhäuser der Sámi-Siedlung vor dem türkisfarbenen Wasser des Virihávrre. Nach etwa 1 km erreichen Sie eine Weggabelung ❷, an der der Nordkalottleden nach rechts in Richtung Staddajåkkå-Hütten/norwegische Grenze abzweigt.

Der Padjelantaleden wendet sich nach links und biegt um den Luoppal-See herum nach links ab. Ein Trampelpfad führt durch ein Dickicht aus Weidenbüschen erst am See-, dann am Flussufer weiter und zur Rechten erhebt sich der abgerundete Bergrücken des Gierggevárre/Kierkevare (1.571 m), der schon am Vortag den malerischen Hintergrund für die Kirchen-Kote in Ståloluokta bildete.

Gut 6 km nach dem Start wird die Landschaft offener ❸. Der Weg führt durch Zwergsträucher, schwenkt nach rechts und oben ist in einiger Entfernung schon die Hängebrücke zu sehen.

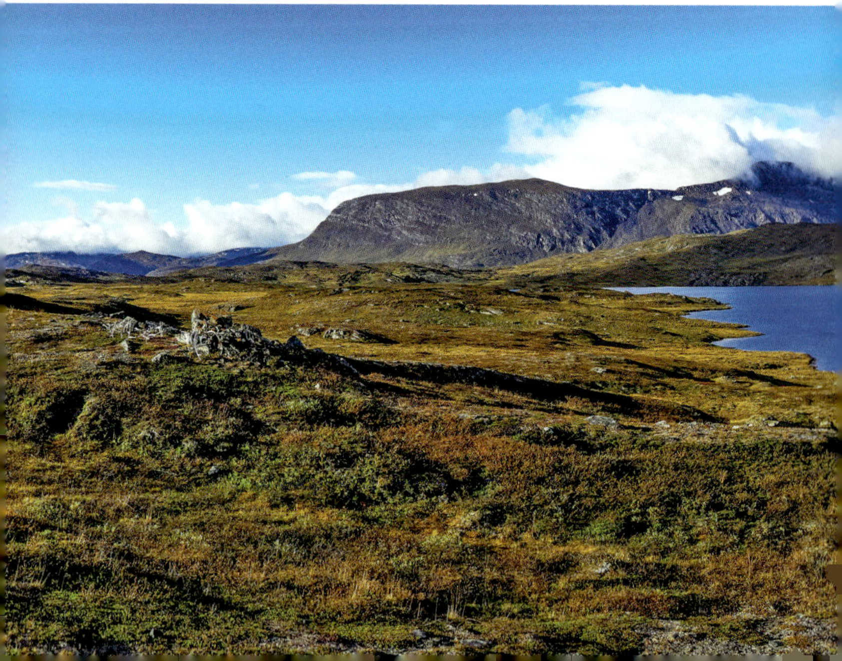

Vorbei an den Fundamenten der Vorgänger der aktuellen Brücke erreichen Sie gut 8 km hinter den Stáloluoktahütten dann die beeindruckende, 32 m lange Hängebrücke über den Bållávrjåhkå ❹ (GPS N 67°17.608' E 016°49.790').

Am gegenüberliegenden Ufer geht es weiter Richtung Südost und auf den restlichen 10 km des Tages klettert der Padjelantaleden bis zum Etappenziel gemächlich um rund 200 Höhenmeter durch das Kahlfjäll. Etwa 2 km hinter der Hängebrücke erreichen Sie eine Weggabelung ❺ und der Wegweiser „Tuoddar 9 km“ leitet Sie nach links, der unmarkierte Weg geradeaus führt in südöstliche Richtung direkt zu den Tarraluoppalhütten (☞ Etappe 6).

Kurz darauf überschreiten Sie die 800-Meter-Höhenlinie ❻ und es bietet sich die letzte Chance für einen Blick zurück in Richtung Virihávvre.

An den Duottarhütten

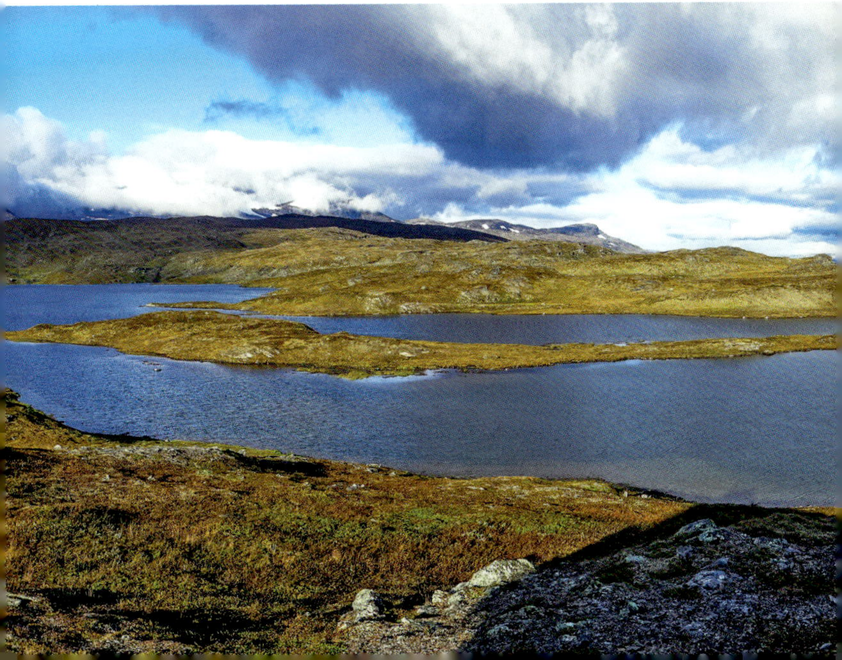

Der Pfad führt an einigen kleineren Bergseen vorbei und verläuft in östliche Richtung direkt auf die Gipfel im östlichen Teil des Sareks zu, die nun das Bild dominieren.

Kurz vor dem Ziel scheinen die Hütten schon zum Greifen nahe, aber der Pfad schwenkt nach links und hält noch zwei erfrischende Fußbäder parat, bevor Sie sich in der Hütte aufwärmen können.

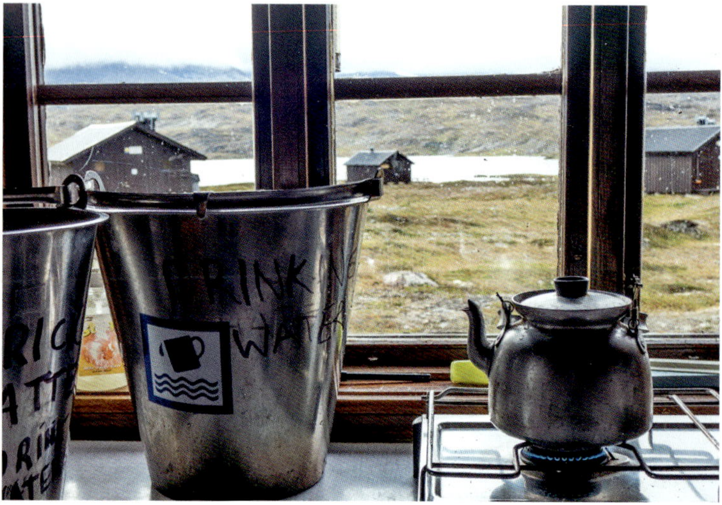

In einer der Duottarhütten

Nachdem der erste, gar nicht mal so schmale Bach ❼ an der markierten Furt überwunden ist, geht es nach rechts am Seeufer weiter und über den Flusslauf zwischen Duottarjávrre und Tsiekkimjávrre hinüber zu den Hütten.

⌂ Duottarhütten (Tuottarstugorna/Duottar) (BLT), GPS N 67°16.105' E 017°01.941', ☏, insgesamt 32 Betten in zwei Vier-Bett-Hütten und vier Sechs-Bett-Hütten, von denen eine das ganze Jahr über offen ist, 🚪 Ende Juni-Anfang September. 🛒 Je nach Saison und Hüttenwart können Sie Kleinigkeiten wie Dosenwürste, Nudeln oder Schokolade und eventuell frisch gebackenes Brot oder Pfannkuchen kaufen.

6. Etappe: Duottarhütten – Darreluoppalhütten

10 km, 2 Std. 45 Min., 190 m, 420 m, 700-950 m

0,0 km	895 m	Duottarhütten (BLT)
5,1 km	920 m	Flussüberquerung
10,0 km	705 m	Darreluoppalhütten (BLT)

Diese kurze Etappe führt auf gerölligen Pfaden vorbei an unzähligen Bergseen durch eine karge Berglandschaft in südöstliche Richtung. Meist wandert man in den Wolken, bei gutem Wetter allerdings bilden die schroffen Sarek-Gipfel im Osten einen spektakulären Anblick. Am Ende führt ein steiler Abstieg hinab zu den Darreluoppalhütten oberhalb des Tarradalen.

Bohlenweg zwischen Duottar- und Darreluoppalhütten

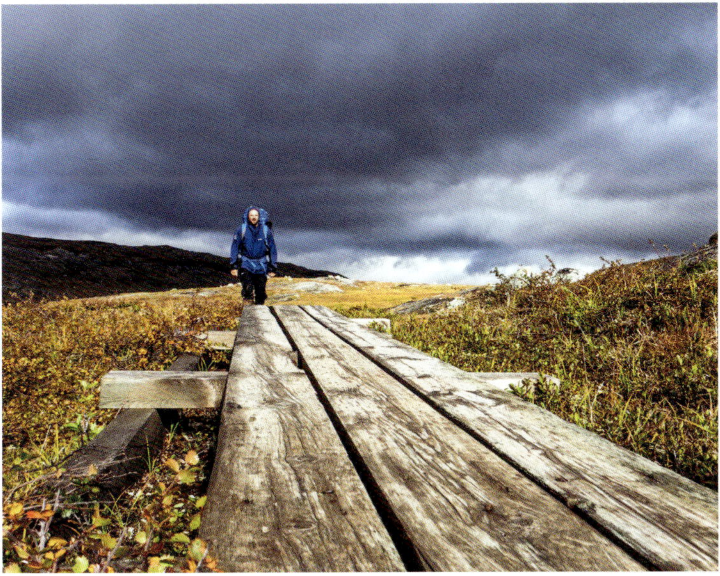

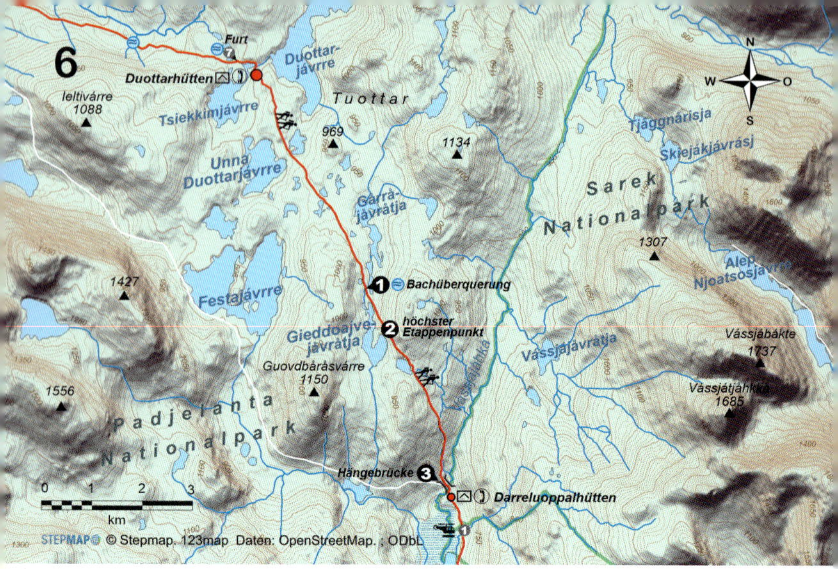

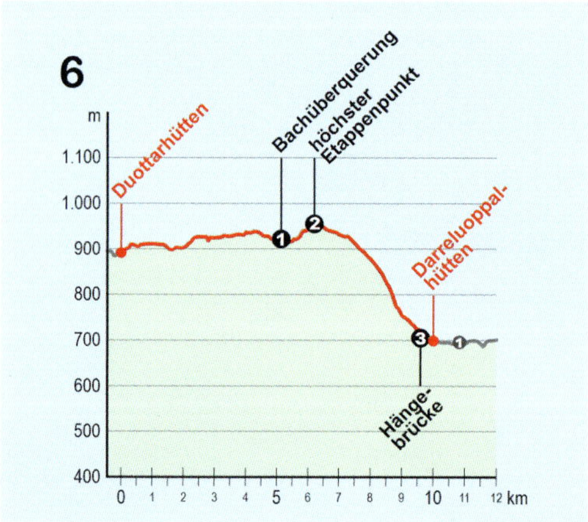

Die Etappe startet an der Winterhütte vorbei nach links und führt durch eine schroffe, karge Felslandschaft. Das Grün ist von Felsen durchsetzt und wird von mächtigen Gipfeln umringt, um die die Wolken tanzen.

Nach gut 5 km steht die Überquerung ❶ eines breiten, im Herbst aber nur knöchelhohen Baches an, der zwei Seen miteinander verbindet.

Gut 1 km weiter ist der höchste Punkt der Etappe erreicht ❷ und der Abstieg Richtung Tarradalen im Süden beginnt. Kurze Zeit darauf rückt unten im Tal der gewundene Flusslauf in den Blick und auch die sechs Darreluopalhütten sind schon zu sehen.

Am Ende des Abstiegs führt eine Hängebrücke über den Vássjájåhkå ❸, der die Grenze zwischen Padjelanta- und Sarek-Nationalpark bildet, und kurz darauf stehen Sie am ersten Hüttengebäude.

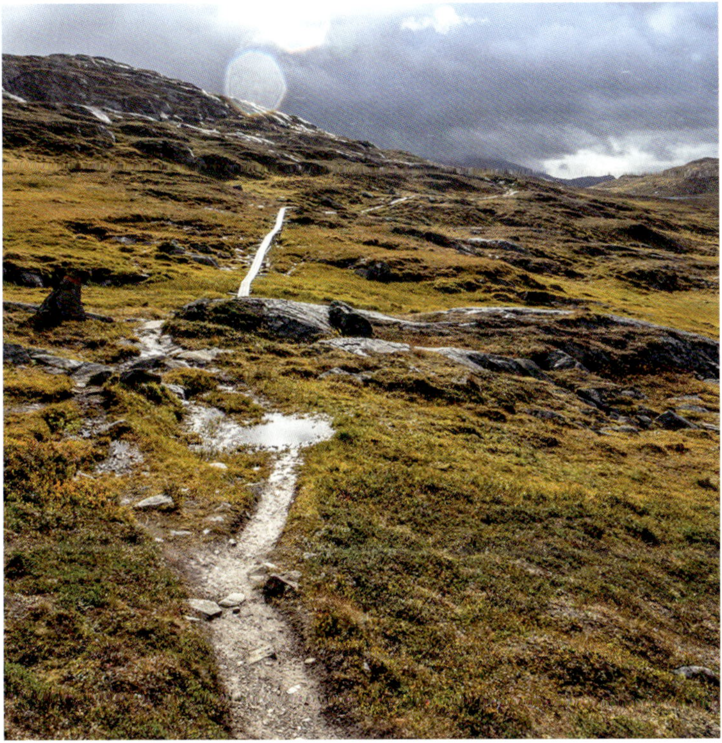

Hochebene zwischen Duottar- und Darreluoppalhütten

Darreluoppalhütten (Tarraluoppalstugorna/Darreluoppal) (BLT), GPS N 67°11.570' E 017°07.364', insgesamt 36 Betten in sechs Sechs-Bett-Hütten, von denen eine das ganze Jahr über offen ist, Ende Juni-Anfang September. Je nach Saison und Hüttenwart können Sie Kleinigkeiten wie Dosenwürste, Nudeln oder Schokolade kaufen.

7. Etappe: Darreluoppalhütten – Såmmarlappahütte

15,3 km, 5 Std., ↑ 300 m, ↓ 470 m, ⇧ 520-735 m

0,0 km	⇧ 705 m	Darreluoppalhütten (BLT)
11,0 km	⇧ 620 m	Hängebrücke/Grenze Padjelanta-Nationalpark
15,3 km	⇧ 525 m	Såmmarlappahütte (STF)

Von den Darreluoppalhütten geht es über die Baumgrenze hinab ins Tarradalen und Sie wechseln von der kargen Landschaft des alpinen Fjälls in ein liebliches Flusstal mit lichtem Birkenwald, das auf beiden Seiten von steil aufragenden, z. T. über 1.800 m hohen Gipfeln und Felswänden eingefasst wird. Nach zwei Dritteln der Etappe kehren Sie dem Padjelanta-Nationalpark an einer Hängebrücke den Rücken zu und erreichen durch mooriges Terrain die Såmmarlappahütte.

Von den Hütten setzen Sie die Wanderung auf dem Padjelantaleden in südliche Richtung fort, queren nach 700 m einen ersten Bach und passieren den Hubschrauberlandeplatz ❶. Der Pfad sucht sich seinen Weg durch buschhohes Weidegestrüpp und das Terrain wird sumpfiger.

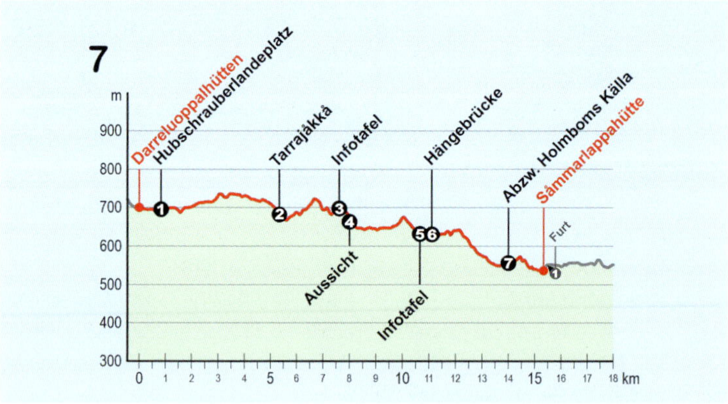

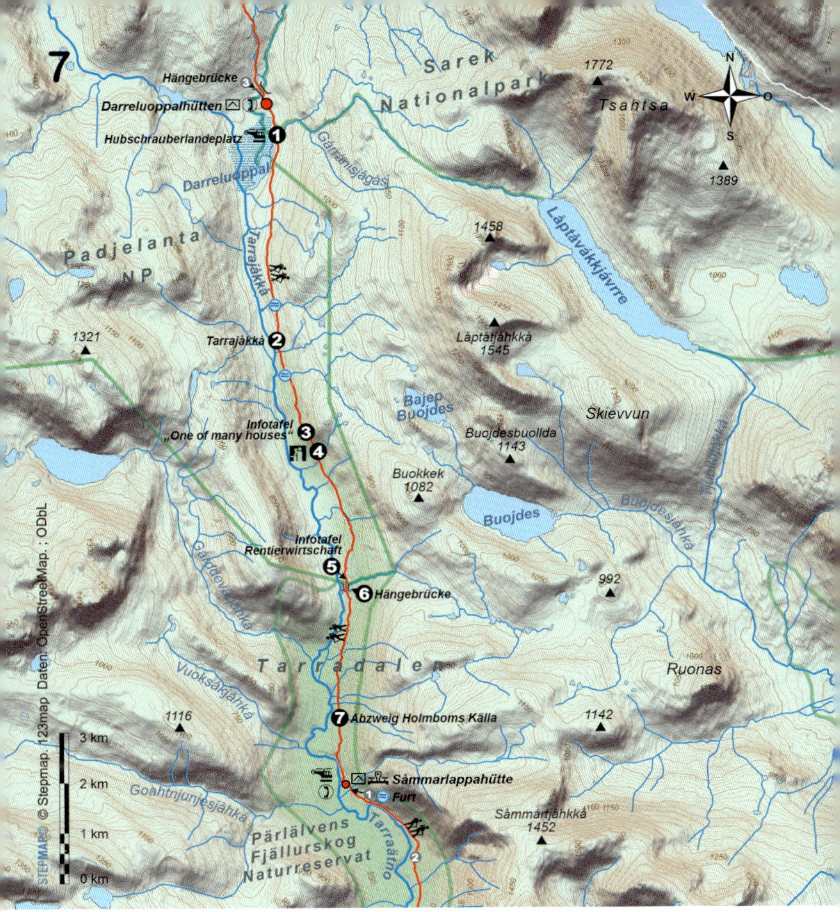

Der Darrejåhkå/Tarrajåkkå hat sich ein tiefes, u-förmiges Trogtal gegraben und beim Blick zurück über die Schulter werden die Hütten immer kleiner und sind erst nach gut 3,5 km nicht mehr zu sehen.

Im weiteren Verlauf sind mehrere Seitenbäche ohne Brücke zu queren und der Pfad nähert sich dem rauschenden Fluss ❷. Das Landschaftsbild hat sich nun komplett gewandelt und Sie laufen durch einen herrlichen Birkenwald mit reichhaltigem Unterwuchs.

8 km nach dem Start erinnert die Infotafel „One of many houses" ❸ an die Pilto-Familie der Tuorpon-Sámi, die einst an dieser Stelle die Sommermonate von Mai bis November verbrachte und eine Torfkote sowie einen Vorratsschuppen errichtet hatte, da es hier Weidegründe für die Rentiere, gute Fischfangmöglichkeiten und ein reichhaltiges Angebot an Feuerholz gab. Eine zweite Tafel erläutert die Entstehung der samischen Ortsnamen, die praktisch alle beschreibender und erklärender Natur sind. Der Name des Gipfels Buokkek im Osten z. B. ist der Platz, an dem der „buogge", eine Vorratsplattform für Nahrung und Ausrüstung, zu finden ist. Der „Gárddevárre" gegenüber im Westen ist der Berg der Rentier-Einzäunung.

Kurz darauf erreichen Sie eine offenere Fläche ❹, die eine fantastische Sicht auf das mächtige Tal freigibt, an dessen Sohle sich der Fluss in weiten Bögen dahin windet. Sie durchqueren eine Zwergstrauchheide, passieren eine Infotafel zur Rentierwirtschaft ❺ und laufen parallel zum kräftig rauschenden Wasser weiter bergab bis zur Hängebrücke über einen namenlosen Seitenbach ❻ (GPS N 67°06.186' E 017°09.589').

Pärlälvens Fjällurskog Naturreservat

Das Tarradalen bildet den nordwestlichen Ausläufer des Pärlälvens Fjällurskog Naturreservats. Der „Bergurwald am Perlenfluss" erhielt seinen Namen, da man hier seit dem Ende des 17. Jahrhunderts Perlmuscheln gefischt hat. Nachdem die Perlmuschel unter Naturschutz gestellt wurde, fand der Muschelfang 1914 sein Ende. Das Naturreservat grenzt direkt an den Padjelanta-Nationalpark und schützt ein einzigartiges Waldökosystem, das weitgehend von Kahlschlag, der Nutzung von Wasserkraft oder anderen schwerwiegenden Eingriffen durch den Menschen verschont geblieben ist.

Das milde Mikroklima im vom Inlandeis und den Gletschern tief ausgeschürften Flusstal des Tarraätno bietet ideale Bedingungen für eine üppige Pflanzenwelt. Farn, Eisenhut, Engelwurz und Trollblume bilden den reichhaltigen Unterwuchs im Birkenwald und auf den baumlosen Fjällheiden fühlen sich kalkliebende Blumen wie Silberwurz, Lappländische Alpenrose und Leimkraut wohl. Birk- und Rauhfußhuhn, Steinadler, Luchs und Otter sind nur einige Beispiele für die hier heimischen Tiere und mit etwas Glück lässt sich sogar ein Elch beim Äsen im Birkenwald entdecken.

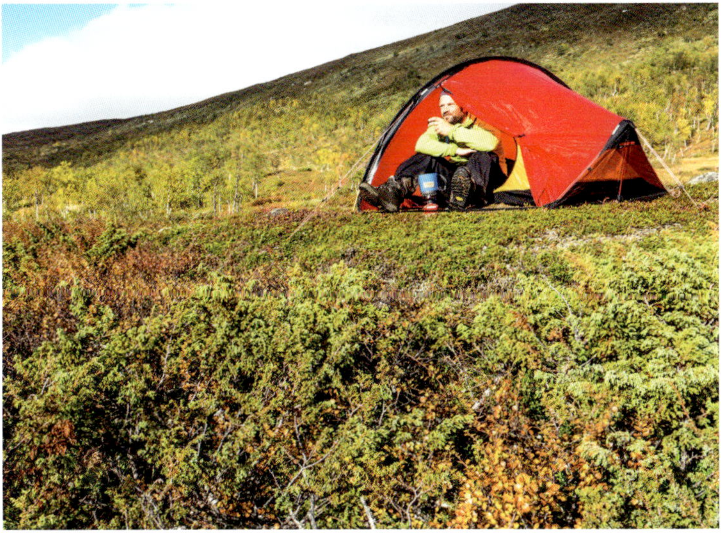

Zelten im Tarradalen

Mit der Brücke verlassen Sie auch den Padjelanta-Nationalpark, was aber praktisch nur am Hundeverbotsschild am Brückenpfeiler zu erkennen ist. An der Landschaft ändert sich nichts.

Sie laufen weiter durch den Birkenwald das Tal abwärts. Vorsicht auf den Bohlenstegen durch die vernässten Abschnitte: Es besteht akute Rutschgefahr!

Kurz vor dem Etappenziel steht rechts neben dem Bohlensteg das Holzschild „Holmboms Källa" ❼ und der Abstecher über den sumpfigen Trampelpfad nach rechts führt zu einem runden Quellteich, in dessen glasklarem Wasser sich Forellen tummeln. Knapp 1 km weiter erreichen Sie die STF Fjällstuga, die Såmmarlappahütte, direkt am Ufer des Tarraätno.

Såmmarlappahütte (Såmmarlappastugan) (STF), GPS N 67°04.090' E 017°09.522', Winter: Ende Februar-Ende April, Sommer: Ende Juni-Anfang September, eine Hütte mit 18 Betten, ganzjährig geöffneter Sicherheitsraum

8. Etappe: Såmmarlappahütte – Njunjeshütte

19 km, 6 Std., ↑ 380 m, ↓ 470 m, ⇧ 435-575 m

0,0 km	⇧ 525 m	Såmmarlappahütte (STF)
8,8 km	⇧ 535 m	Geröllfeld
9,0 km	⇧ 525 m	Abzweig Nordkalottleden/Sulitelma (Norwegen)
12,0 km	⇧ 510 m	Tarrekaisehütten (STF)
19,0 km	⇧ 435 m	Njunjeshütte (STF)

Der z. T. mit Steinen durchsetzte, aber meist gut zu laufende Pfad verläuft am Fuß des Tarrekaisemassivs und folgt dem Flussufer des Tarraätno, der zunehmend an Breite gewinnt. Es warten mehrere, durchgehend einfache Watstellen durch kleinere Seitenbäche, die vom Tarrekaise hinabrauschen. Das ausgedehnte Geröllfeld kurz vor den Tarrekaisehütten lässt erahnen, welche Kraft das Wasser nach der Schneeschmelze im Frühjahr entwickelt. In den Sommermonaten plätschert aber nur ein Rinnsal. Direkt danach trifft vom norwegischen Sulitelma kommend der Nordkalottleden auf den Padjelantaleden und bald sind die Tarrekaisehütten am Ufer des Darrávrre/Tarraure erreicht. Am Etappenende geht es dann über eine Schulter südlich des Njunjesvárre-Gipfels für 130 Höhenmeter recht steil hinab zur Njunjeshütte.

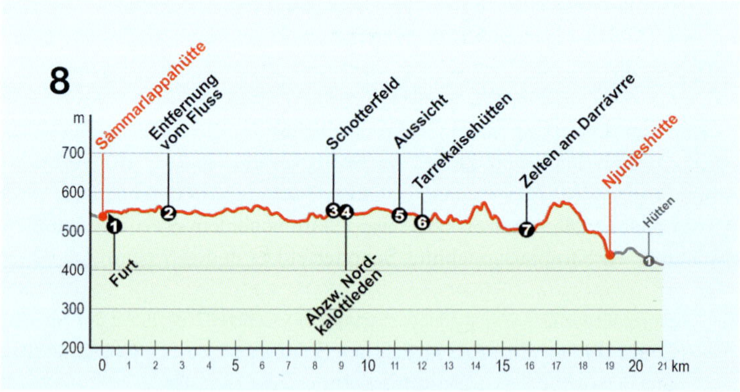

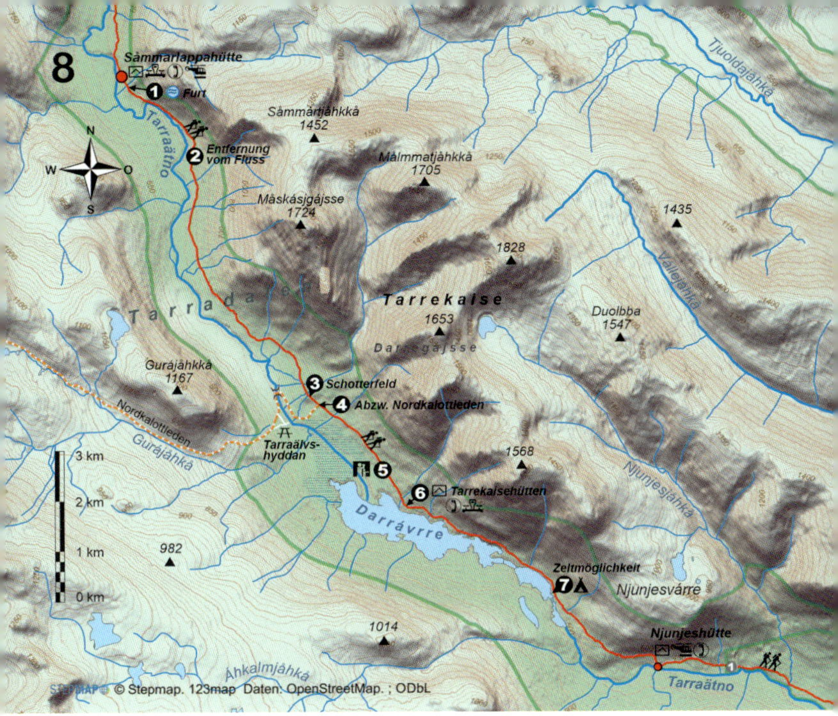

Sie laufen zwischen dem Hubschrauberlandeplatz und dem roten Hüttengebäude nach links (Wegweiser „Tarrekaise 13 km") und die erste Bachquerung lässt nicht lange warten ❶. Es folgen weitere Seitenbäche, die mal mit, mal ohne Brücke überwunden werden wollen. Der Pfad schlängelt sich durch den Birkenwald und wird zur Linken von den schwarzen, schroffen Felsen des Tarrekaisemassivs überragt. Auf der rechten Seite glitzert das Wasser des Tarraätnos zwischen den weißen Baumstämmen und es geht immer mal wieder auch direkt am Ufer entlang.

Im weiteren Verlauf entfernt sich der Trampelpfad etwas vom Ufer ❷, durchstreift den Birkenwald und knapp 9 km nach dem Start stellt sich ein etwa 150 m breites, ausgedehntes Schotterfeld ❸ in den Weg, durch das in mehreren Armen das Wasser vom Tarrekaise zum Tarraätno hinabströmt. Die unzähligen Felsbrocken machen deutlich, wie gewaltig die Wassermassen im Frühjahr sein müssen. In den Sommermonaten ist das Bachbett aber nicht bedrohlich und Sie kommen gut hinüber.

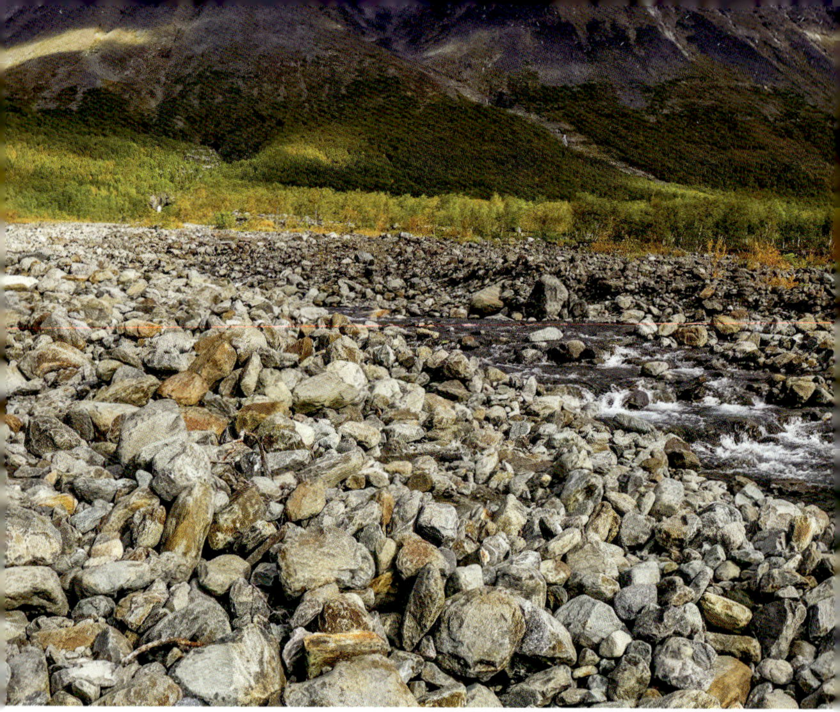

Etwa 300 m weiter ❹ (GPS N 67°00.513' E 017°15.119') erreichen Sie eine Wegekreuzung, an der der Nordkalottleden (Wegweiser nach rechts: „Pieskehaurestugan 36 km“) aus Westen kommend auf den Padjelantaleden trifft. Ein zweiter Wegweiser nach rechts macht auf die Darreädnohyddan (in der Karte als Tarraälvshyddan eingezeichnet) aufmerksam und Fans uriger Holzbauwerke sei der gut 1 km lange Abstecher über die Brücke empfohlen. Unterhalb des Gurátjåhkå erwartet Sie eine 1887 erbaute Hütte (Kopf einziehen!), die heute als Rasthütte dient. Sie war eine der ersten Touristenhütten im schwedischen Fjäll, da man damals davon ausging, dass das Sulitelma/Sulidälbmá-Massiv (1.607 m) an der Grenze zu Norwegen der höchste Gipfel in Schweden sei und so machten sich viele Wanderer in Kvikkjokk auf, um in Richtung der schneebedeckten Berge im Westen zu wandern.

Für die Fortsetzung des Padjelantaledens laufen Sie an den erwähnten Wegweisern weiter geradeaus und nach einem schönen Aussichtspunkt

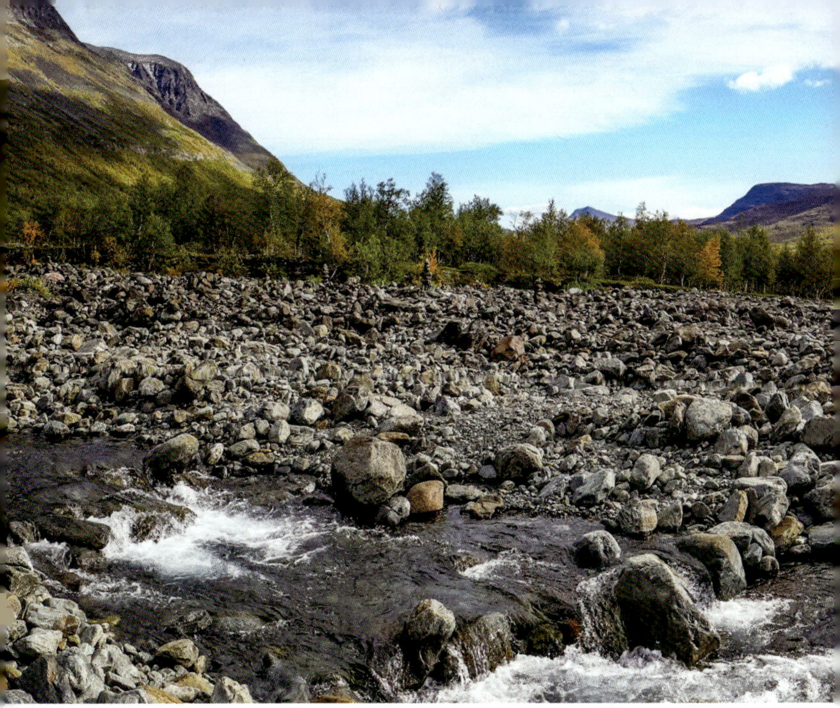

Flussquerung unterhalb des Tarrekaise

über das Tarradalen ❺ rechts vom Weg erreichen Sie bald die Tarrekaisehütten ❻ am Ufer des Darrávrre/Tarraure, in dem sich die umliegenden Berge spiegeln. Wer eine Abkühlung braucht, findet am Seeufer eine idyllische, schöne Badestelle.

Tarrekaisehütten (Tarrekaisestugan) (STF), GPS N 66°59.410' E 017°17.489', Winter: Ende Februar-Ende April, Sommer: Ende Juni-Anfang September, zwei Hütten mit insgesamt 26 Betten, ganzjährig geöffneter Sicherheitsraum

Sie laufen geradeswegs an Hütte und Toilettenhäuschen vorbei und der Wegweiser „Njunjes 6 km" zeigt an, dass das Etappenende nicht mehr allzuweit entfernt ist. Der Pfad folgt dem Seeufer und während sich zur Linken die westliche Flanke des Tarrekaise-Massivs auftürmt, funkelt zur Rechten das Wasser hinter den Birkenstämmen. Immer wieder finden sich gute, ebene und mit Gras bewachsene ⛺ Zeltmöglichkeiten. Die wohl schönste befindet sich ganz am östlichsten Zipfel des Darrávrre ❼, wo man das Zelt auf einer kleinen Wiese direkt hinter dem Ufer aufbauen kann und einen tollen Blick über den See und die ihn umringenden Berggipfel hat.

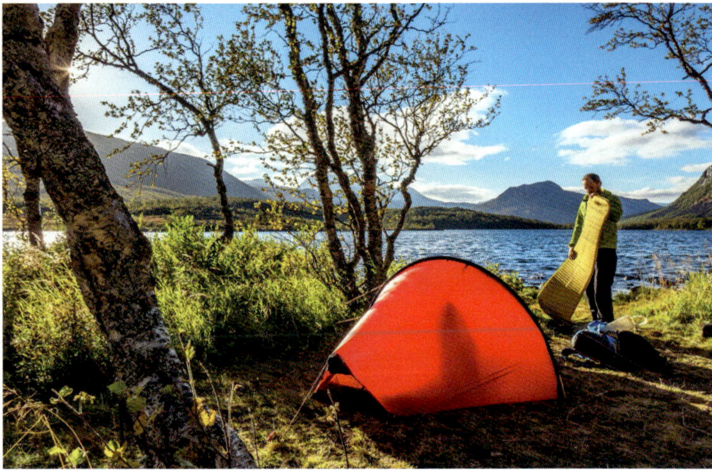

Zelten am Ufer des Darrávrre

Danach klettert der Pfad aus dem Wald heraus auf einen baumfreien Geländevorsprung unterhalb des Njunjesvárre. Der Weg ist von mächtigen Felsen durchsetzt und die offene Fläche eröffnet schöne Rückblicke auf den See. Unterhalb zu Ihrer Linken bildet der Tarraätno ein paar stattliche Stromschnellen.

Der Padjelantaleden folgt dem Flusslauf in eine Linkskurve und voraus rücken zu Ihren Füßen die Gebäude der Njunjeshütte ins Blickfeld. Sie steigen auf den verbleibenden 1,5 km knapp 150 Höhenmeter zum Flussufer hinab, wo sich die Njunjeshütte auf einem Felsplateau wie auf einer Insel aus den umgebenden Sumpfflächen erhebt.

Njunjeshütte (Njunjesstugan) (STF), GPS N 66°57.628' E 017°24.656', Winter: Ende Februar-Ende April, Sommer Ende Juni-Anfang September, zwei Räume mit insgesamt 22 Betten, ganzjährig geöffneter Sicherheitsraum

9. Etappe: Njunjeshütte – Kvikkjokk

13 km (+ 3,4 km Bootsfahrt), 4 Std. (+ 20 Min. Bootsfahrt), ↑ 90 m, ↓ 240 m, ⇧ 300-470 m

0,0 km	⇧ 435 m	Njunjeshütte (STF)
10,5 km	⇧ 330 m	Hängebrücken
12,5 km	⇧ 300 m	Schutzhütte Bobäcken
15,9 km	⇧ 300 m	Bootsanleger Kvikkjokk
16,4 km	⇧ 335 m	Fjällstation Kvikkjokk (STF), Sauna, WLAN

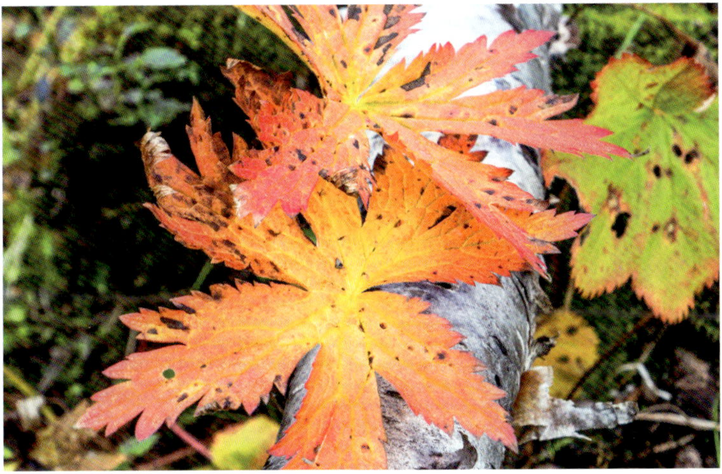

Farbenprächtiger Unterwuchs im Birkenwald

Breite Waldwege und Bohlenstege über Moorflächen wechseln sich auf dem Weg von der Njunjeshütte nach Osten zum Endpunkt Kvikkjokk ab. Kleinere und größere Brücken führen Sie problemlos über die zahlreichen Wasserläufe und den Abschluss bildet eine knapp 3,5 km lange Bootsfahrt durch das Delta, das die Flüsse Tarraätno und Gamájåhka an ihrer Mündung in den langgestreckten See Sakkat bilden. In Kvikkjokk lockt die urige Fjällstation mit Kiosk, Dusche, Sauna und einem fürstlichen Abendessen.

Von der Njunjeshütte ist es nicht mehr weit zurück in die „Zivilisation“, was auch daran deutlich wird, dass das Mobiltelefon wieder Empfang hat. Sie starten die finale Etappe des Padjelantaledens in östliche Richtung und folgen weiter dem Nordufer des Tarraätno durch Mischwald. Nach 1,5 km erreichen Sie eine überwachsene Hütte im Wald ❶ und bahnen sich den Weg durch mannshoch wuchernden Farn.

Hinter der Scheune laufen Sie nach links und am Zaun unterhalb des Hauses weiter. Es gehört zu dem am östlichen Ende des Tarradalen gelegenen, alten Njunjes-Bergbauernhof, der bis in die 1950er-Jahre bewirtschaftet wurde. Die einstige Siedlung wurde 1834 von Olof Isak Holmbom gegründet und bestand um 1900 aus drei Höfen, die heute entweder verfallen oder als Ferienhäuser genutzt werden.

Knapp 2 km weiter überqueren Sie über insgesamt fünf kleinere und größere Holzbrücken in kurzen Abständen die zahlreichen Arme und Nebenflüsse des Njunjesjåhkå und wandern auf einem breit ausgetreten Weg durch lichten Fichten- und Birkenwald. An der nach 1 km folgenden Gabelung lassen Sie den Pfad hinab zum Bachufer links liegen und laufen auf einer Höhe nach rechts weiter. 500 m später halten Sie sich an der Gabelung hinter der Brücke über den Råvejåhkå rechts ❷.

Der üppige, feuchte Birkenwald ist von Weiden und Eschen durchsetzt und auf den verbleibenden Kilometern wechseln sich Holzbrücken über die Zuflüsse des Tarraätno mit Bohlenstegen über weite Moorflächen ab.

Der Waldweg führt direkt an den Prallhang am nördlichen Ufer des Tarraätno und etwa 600 m weiter stehen Sie vor der ersten von zwei Hängebrücken ❸ (GPS N 66°56.888’ E 017°36.959’), die Sie in luftiger Höhe über den Vállebäcken, der aus Nordwesten kommend das Wasser aus dem Tarrekaisemassiv in den Tarraätno bringt, führen.

Noch einmal säumt eine urige Waldlandschaft mit hohen Schachtelhalmen, nass glänzenden Pilzen und moosüberwachsenen, umgestürzten Bäumen am Boden den Weg und Eichelhäher und Spechte flattern von Ast zu Ast. Gut 12 km nach dem Start führt dann ein letzter Holzsteg über einen breiteren Bach und am gegenüberliegenden Ufer informiert eine Tafel über die Region und die Sicherheit im Fjäll. Kurz darauf erreichen Sie die Schutzhütte am Bootsanleger Bobäcken ❹ (GPS N 66°56.707’ E 017°39.258’) und das Finale auf dem Padjelantaleden bildet eine Bootstour abwärts nach Kvikkjokk.

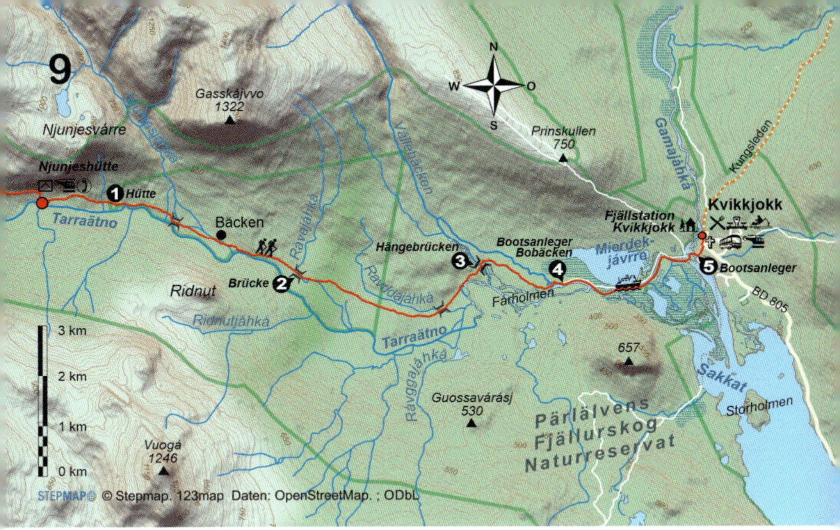

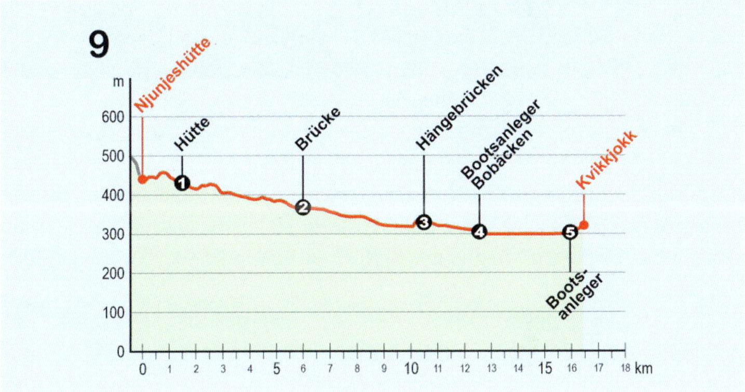

Das Boot verkehrt im Zeitraum von Mai bis Oktober, die Fahrt dauert etwa 20 Min. Außerhalb der Saison müssen Sie das Boot in jedem Fall bestellen, in der Hochsaison (entsprechend der Sommeröffnungszeiten der Hütten am Padjelantaleden) werden von etwa Anfang Juli bis Anfang September täglich Bootstouren zwischen Bobäcken und Kvikkjokk angeboten. Bei Bedarf können Sie aber zusätzliche Abfahrten ordern. In der Schutzhütte liegt ein Mobiltelefon bereit, mit dem Sie den Kapitän kontaktieren können, ☏ 070/205 31 93, 💻 www.battrafikikvikkjokk.se.

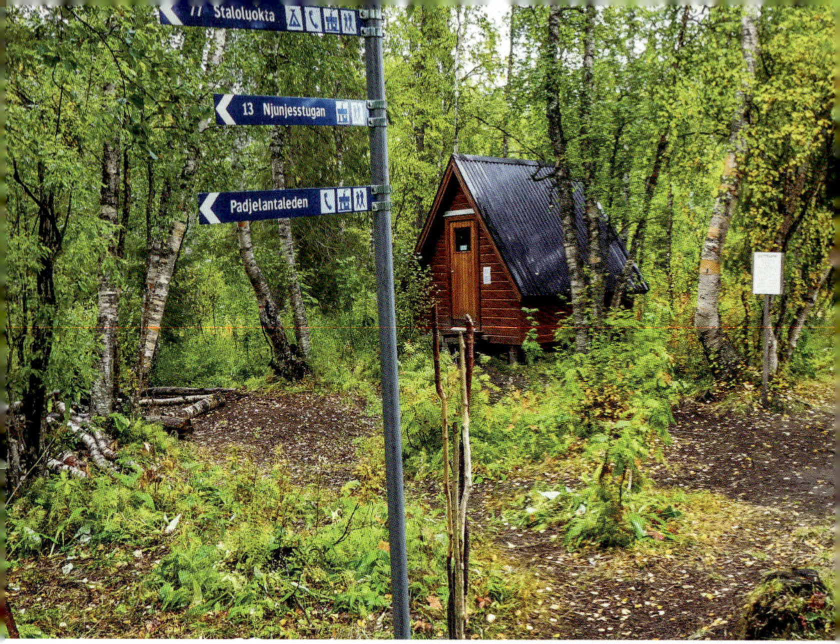

Vom Anleger in Kvikkjokk ❺ laufen Sie dann hoch zur Kreuzung entlang der Hauptstraße durch den Ort. Rechter Hand liegt die alte Holzkirche des Ortes, 300 m weiter nach links erreichen Sie die Fjällstation, die aus zwei Gebäuden besteht: das 1928 errichtete Holzhaus Gamla Turisten mit einer gemütlichen, offenen Feuerstelle und das „neuere“ Hostelgebäude aus den 1960er-Jahren.

Trotz seiner abgeschiedenen Lage „am Ende der Straße“, nämlich der gut 100 km langen Straße 805 aus Jokkmokk, blickt Kvikkjokk auf eine abwechslungsreiche Geschichte zurück, die bis ins Jahr 1600 zurückreicht. Der Ort war eine der ersten schwedischen Siedlungen in Lappland und wurde für die Verarbeitung von Silbererz gegründet, das in einer Mine des Alkajaure im Sarek gewonnen wurde.

Damals war Kvikkjokk mit seinem Hüttenwerk und Schmelzofen weit größer als Jokkmokk. Die ursprüngliche Siedlung lag am gegenüberliegenden Flussufer und es gibt einen mit Informationstafeln ausgeschilderten Rundgang zu den Überresten der Anlagen zur Silberverarbeitung aus dem 17. Jahrhundert.

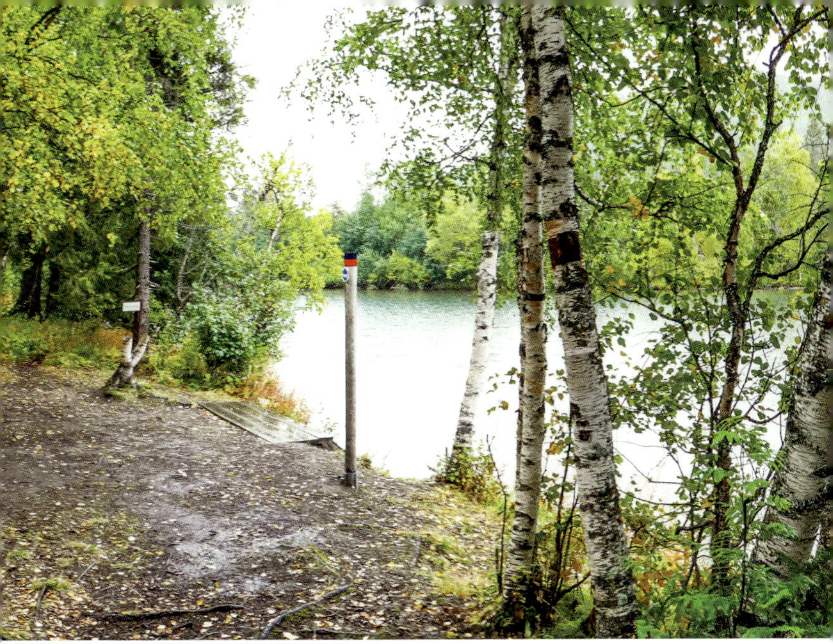

Schutzhütte am Bootsanleger Bobäcken

Carl von Linné

Lange bevor er den Grundstein für das System der lateinischen Pflanzenbezeichnungen legte und die Gründung der Stockholmer Akademie der Wissenschaften anregte, untersuchte Carl von Linné (1707 bis 1778) die Natur des Padjelanta-Gebiets. Zu seinem 25. Geburtstag, am 12. Mai 1732, machte sich der damals als Student in Uppsala eingeschriebene Naturforscher auf den langen und beschwerlichen Weg gen Lappland und reiste mit Pferd, per Boot und zu Fuß entlang des Bottnischen Meerbusens bis nach Luleå, um sich dann über Jokkmokk und Kvikkjokk bis zum Virihávrre/Virihaure durchzuschlagen.

Auch der Tourismus hat eine lange Tradition und einer der ersten Gäste war Carl von Linné, der auf seiner Lappland-Reise im Jahr 1732 die hiesige Pflanzenwelt erforschte. Seine begeisternde Reiseschilderung lockte viele weitere Wanderer in die schwedische Bergwelt und mit seiner Lage am Ostrand der Berge ist Kvikkjokk der ideale Ausgangspunkt für Touren im Padjelanta- und Sarek-Nationalpark und auch

(End-) Station der Fernwanderwege Nordkalottleden, Padjelantaleden und Kungsleden. Auf dem großen Parkplatz unterhalb der Fjällstation erklärt das Laponia-Besucherzentrum Huhttán/Kvikkjokk mit Informationstafeln nähere Einzelheiten zum Weltkulturerbe Laponia sowie zur Geologie, Flora und Fauna der Nationalparks Sarek und Padjelanta.

Fjällstation Kvikkjokk (STF), GPS N 66°57.227' E 017°43.187', Storvägen 19, 96202 Kvikkjokk, ☏ 09 71/210 22, www.kvikkjokkfjallstation.se, info@kvikkjokkfjallstation.se, insgesamt 60 Betten in Zwei- und Vierbettzimmern, Winter: Ende Februar-Ende April, Sommer: Mitte Juni-Ende September, Sauna, WLAN,

Holzkirche Kvikkjokk

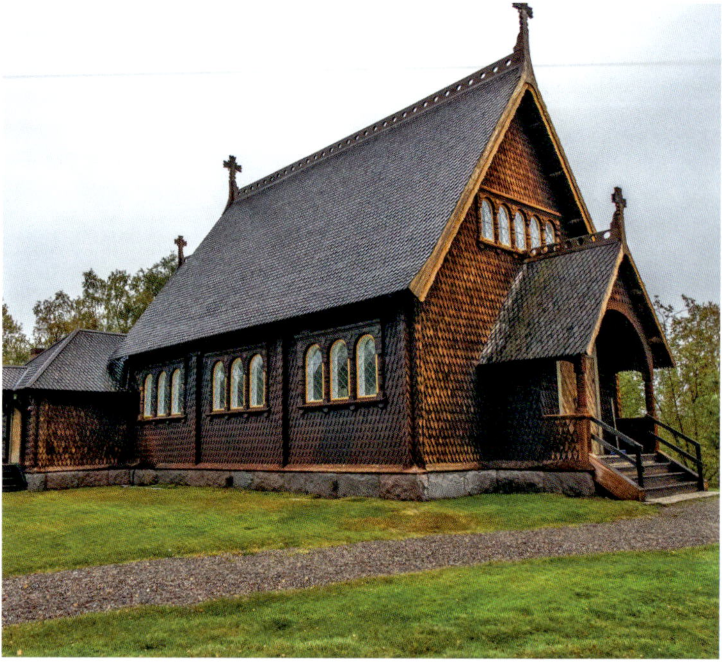

Die Bushaltestelle liegt etwa 500 m von der Fjällstation entfernt vor der Kirche. Die Anbindung hängt von der Jahreszeit ab. Im Sommer fährt die Linie 94 (meist früh morgens und am späten Nachmittag) über Jokkmokk zum Bahnhof in Murjek. Außerhalb der Hochsaison müssen Sie den einmal am Tag früh morgens abfahrenden Bus 47 nach Jokkmokk nehmen und gelangen von dort mit der Linie 43 zum Bahnhof in Murjek. Aktuelle Fahrpläne finden Sie unter www.ltnbd.se.

Vom Hubschrauberlandeplatz in Kvikkjokk starten in der Saison täglich Flüge nach Stáloluokta mit möglichen Stopps an den Hütten Njunjes, Tarrekaise, Såmmarlappa und Darreluoppal. Der Preis für die Strecke Kvikkjokk – Stáloluokta beträgt rund SEK 1.700 pro Person inklusive 20 kg Gepäck.

♦ Fiskflyg AB, ☏ 09 71/210 40, www.fiskflyg.se, kvikkjokk@fiskflyg.se

Übersicht häufiger geografischer Begriffe

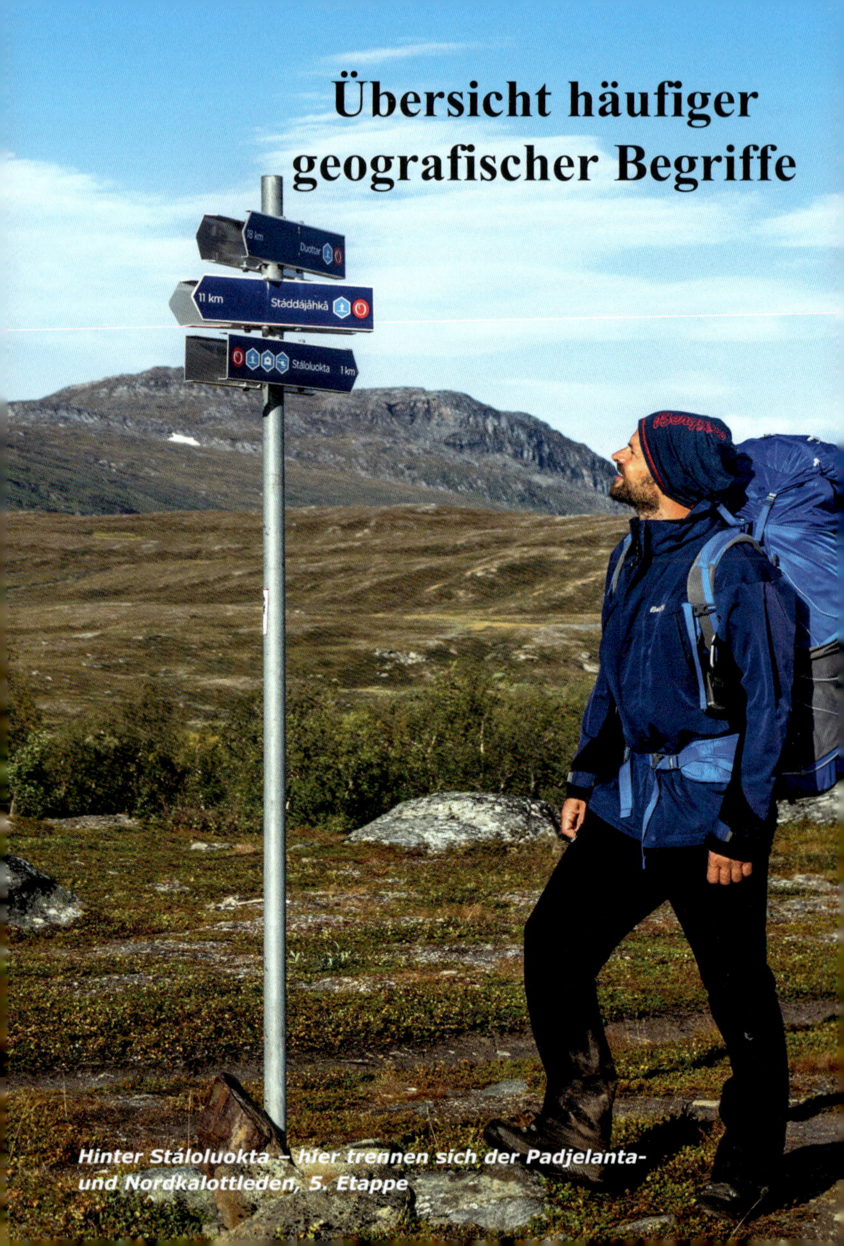

Hinter Stáloluokta – hier trennen sich der Padjelanta- und Nordkalottleden, 5. Etappe

Samisch	Schwedisch	Deutsch
-	bro	Brücke
-	stuga (Mehrzahl: stugorna)	Hütte
ädno	å, älv	Fluss
áhpe	myr	Moor
ávrre, jávrre	sjö	See
dievvá	kulle, backe	Höhe/Hügel
duottar	fjäll	Berg
jågåsj	-	Bach (klein)
jåhkkå	bäck, å	Bach
jávrásj	-	See (klein)
láhko	slätt	Ebene/Plateau
luokta	vik	Bucht
luopppal	-	seeartige Erweiterung eines Flusses
muorkke	-	Landbrücke
njunjes	utlöpare	Ausläufer
tjåhkkå	fjälltopp	Gipfel
tjårro	bergrygg	Bergrücken
vágge	dal	Tal
vuovdde	skog	Wald

Index

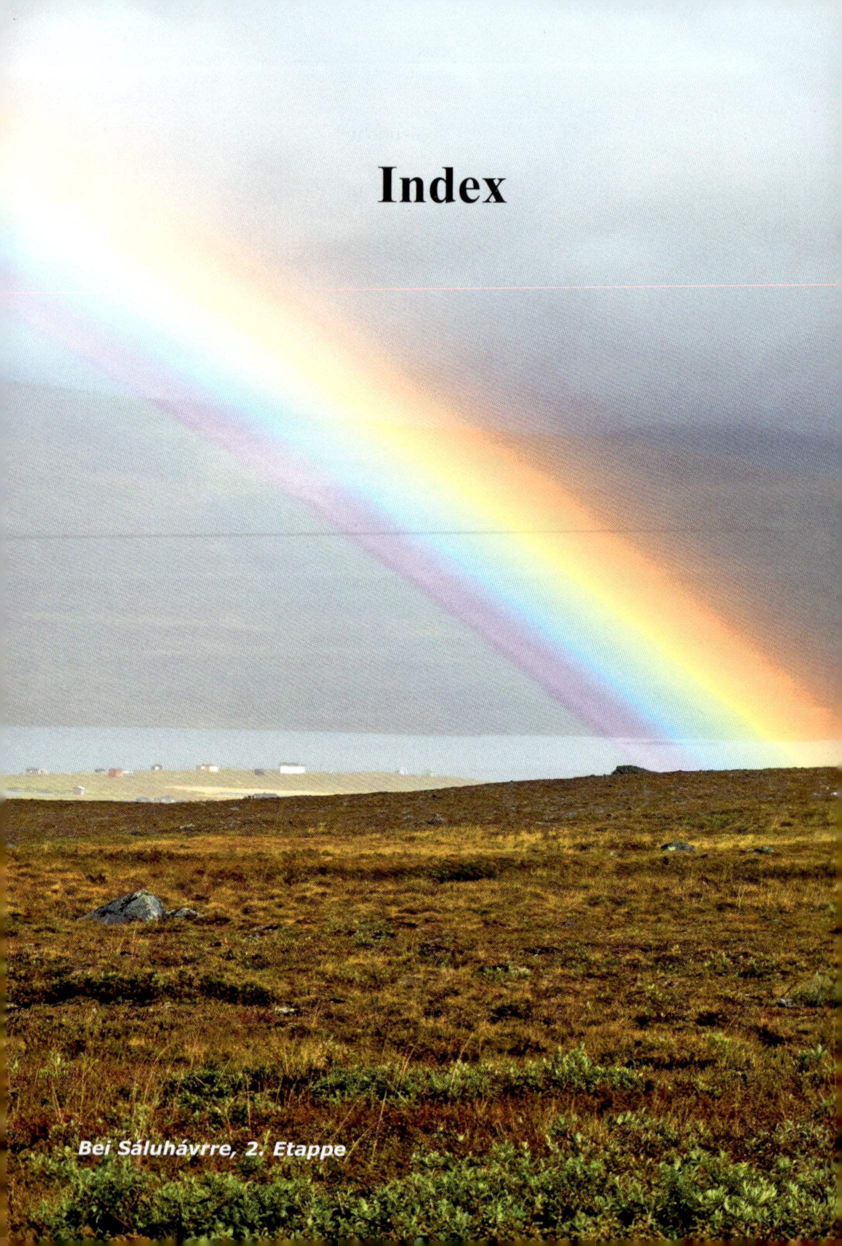

Bei Sáluhávrre, 2. Etappe

N

O/P

R

S

T

U/V

W/Z